워렌 버핏
투자 노트

THE TAO OF WARREN BUFFETT by Mary Buffett and David Clark
Copyright ⓒ 2006 by Mary Buffett and David Clark
All rights reserved.
Korean Language Translation Copyright ⓒ 2007 by Kugil Publishing Co., Ltd.
Korean edition published by arrangement with the original publisher,
Scribner, an Imprint of Simon & Schuster, Inc., New York through KCC.

이 책의 한국어판 저작권은
KCC (주)한국저작권센터를 통한 Scribner와의 독점 계약으로
국일증권경제연구소에 있습니다.
저작권법에 의해 한국 내에서 보호를 받는 저작물이므로
무단전재와 복제를 금합니다.

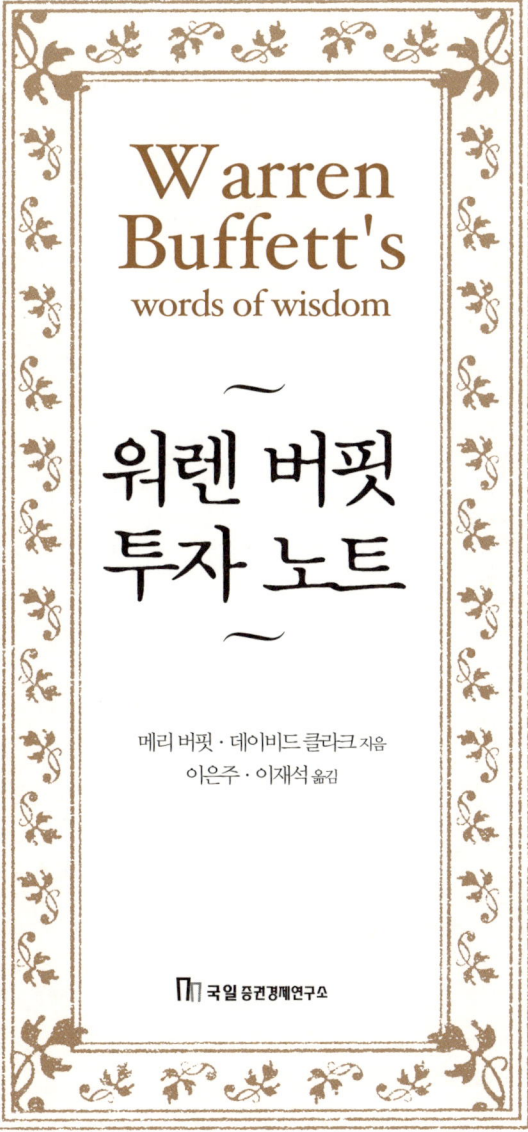

Warren Buffett's words of wisdom

워렌 버핏 투자 노트

메리 버핏 · 데이비드 클라크 지음
이은주 · 이재석 옮김

국일 증권경제연구소

워렌 버핏 투자 노트

초판 1쇄 발행 2007년 8월 30일
초판 8쇄 발행 2024년 10월 30일

지은이 · 데이비드 클라크, 메리 버핏
옮긴이 · 이은주, 이재석
펴낸이 · 이종문(李從聞)
펴낸곳 · (주)국일증권경제연구소

등   록 · 제406-2005-000029호
주업소 · 경기도 파주시 광인사길 121 파주출판문화정보산업단지(문발동)
사무소 · 서울시 중구 장충단로8가길 2(장충동 1가, 2층)

영업부 · Tel 02)2237-4523 | Fax 02)2237-4524
편집부 · Tel 02)2253-5291 | Fax 02)2253-5297
평생전화번호 · 0502-237-9101~3

홈페이지 · www.ekugil.com
블 로 그 · blog.naver.com/kugilmedia
페이스북 · www.facebook.com/kugilmedia
E-mail · kugil@ekugil.com

· 값은 표지 뒷면에 표기되어 있습니다.
· 잘못된 책은 구입하신 서점에서 바꿔드립니다.

ISBN 978-89-5782-060-5 (03320)

머리말
워렌 버핏 투자 철학에 담긴 삶의 원칙 >>>

나는 1981년부터 1993년까지 12년 동안, 세계에서 가장 성공한 투자가이자 존경받는 자선가인 워렌 버핏Warren Buffett의 며느리였다. 워렌 버핏의 아들 피터Peter Buffett와 결혼한 직후, 즉 그가 세계적인 유명인사가 되기 훨씬 전부터 오마하에 있는 버핏가에 드나들었으니까 나는 일찌감치 '거물'과 접촉할 수 있었던 셈이다.

나는 그곳에서 스스로를 '버핏주의자Buffettologist'라고 부르며, 투자계의 대스승인 버핏의 가르침을 받고자 모여든 젊은 추종자 집단을 만날 수 있었다. 이들 가운데 하나였던 데이비드 클라크David Clark는 노트에 버핏의 가치 있는 투자 지침들을 기록하고 있었다. 후에 우리는 이 노트를 기초로 《주식 투자 이렇게 하라Buffettology》, 《워렌 버핏 주식 투자 워크북The Buffettology Workbook》, 《워렌 버핏 실전 주식 투자New Buffettology》 등 베스트셀러 투자서를 출간할 수 있었다.

데이비드 클라크가 정리한 노트 내용 가운데 내가 가장 좋아하는 것은 심오한 뜻이 담긴 버핏의 명언들이다. 이 명언들은 곰곰이 생각하면 할수록 그 참다운 의미가 새록새록 드러난다는 점에서 도교 스승들의 가르침과도 비슷하다.

　세월이 흐르면서 나 역시 버핏이 가족 모임이나 저명인사들이 모이는 여러 사회적인 모임 등에서 했던 말들을 모아 정리하기 시작했다. 이런 모임에서 질문을 받으면 버핏은 마치 스승이 제자들에게 가르침을 주듯 차분히 대답을 해 주었다. 그의 말에는 허투루 들을 수 없는 귀중하고도 가치 있는 내용이 많이 담겨 있었다.

　버핏이 하는 말은 들으면 들을수록 투자와 사업, 그리고 인생에 관해 많은 것을 배우게 된다. 그의 말에는 한 번 들으면 결코 머릿속을 떠나지 않는 묘한 힘이 있다. 나는 내 주장을 펴기 위해, 혹은 강세장의 무모한 열정에 현혹되어 무턱대고 투자하는 우를 범하지 않도록 스스로에게 경고하기 위해 버핏의 가르침을 되뇌고 있는 자신을 발견할 때가 자주 있다. 또한 그의 가르침은 어느 회사에 투자해야 하는지, 투자의 적기는 언제인지를 판단하는 데에도 큰 도움이 되었다.

결국 도교 사상과 비슷한 버핏의 철학에 매료된 나와 데이비드 클라크는 투자와 경영, 직업 선택, 성공적인 인생 등에 관한 심오한 지혜가 담긴 버핏의 명언들을 정리해 책으로 만들면 좋겠다는 생각을 하게 되었다. 또한 버핏의 명언에 담겨 있는 심오한 뜻과 숨겨진 의미를 더 깊이 음미하기 위해 명언과 관련된 일화나 버핏주의자들의 해석을 첨가하기로 했다.

인생이라는 험로를 헤쳐 나갈 때, 또 성공적인 투자 방법을 모색할 때 이 책에 담긴 귀중한 가르침이 당신의 진정한 동반자가 되어 주리라 믿는다.

2006년 7월

메리 버핏 Mary Buffett

차 례

머리말 >>>
워렌 버핏 투자 철학에 담긴 삶의 원칙 ||||| **5**

Chapter 1 _ 부자되기 그리고 부자로 살아남기 ||||| **11**
Chapter 2 _ 투자 기업 고르기 ||||| **47**
Chapter 3 _ 거인의 어깨 위에 올라타기 ||||| **69**
Chapter 4 _ 스스로 익히는 투자 전략 ||||| **79**
Chapter 5 _ 버핏의 경영 철학 ||||| **85**
Chapter 6 _ 투자자가 반드시 피해야 할 사람들 ||||| **101**
Chapter 7 _ 투자 결정을 내릴 때 ||||| **111**
Chapter 8 _ 투자자의 태도 ||||| **121**
Chapter 9 _ 일류 투자자의 기질 ||||| **131**

WARREN BUFFETT'S WORDS OF WISDOM

Chapter 10 _ 팔아야 할 때, 떠나야 할 때 ||||| **141**

Chapter 11 _ 치명적 실수 ||||| **155**

Chapter 12 _ 투자 대상 범위 ||||| **161**

Chapter 13 _ 가격 결정 ||||| **177**

Chapter 14 _ 버핏이 욕심 부릴 때 ||||| **189**

워렌버핏
투자노트
Chapter 1

Getting and Staying Rich
부자되기
그리고
부자로 살아남기

> > >
투자의 제1원칙 : 절대로 돈을 잃지 말라.
투자의 제2원칙 : 제1원칙을 절대 잊지 말라. < < <

No. 001

　　　　　　　돈을 버는 것도 중요하지만, 그만큼 번 돈을 함부로 쓰지 않는 것도 중요하다. 돈을 쓰지 않는 것이 부자가 되는 지름길인 것이다.

　일단 수중에 돈이 들어오면 이것이 빠져나가지 않도록 노력하고, 한편으로는 복리식으로 불어나도록 관리해야 한다. 처음 시작할 때의 액수가 크면 클수록 수익률도 높기 때문이다. 예를 들면 원금 10만 달러를 연리 15퍼센트의 복리로 불리면 20년 후에는 총 163만 6,653달러가 된다. 결국 총수익이 153만 6,653달러인 셈이다. 그런데 투자를 시작하기도 전에 10만 달러 가운데 9만 달러를 까먹으면 단돈 1만 달러만 가지고 시작해야 한다. 그러면 같은 조건 하에서 20년 후에 총 16만 3,665달러밖에 손에 쥐지 못한다. 총수익은 15만 3,665달러에 불과하다.

　까먹은 돈의 액수가 크면 클수록 앞으로 돈을 벌 수 있는 가능성은 적어진다는 사실을 기억하라. 이 투자 원칙이야말로 버핏이 잊지 않고 반드시 지키는 절대 원칙이다. 돈이 생길 기미만 보여도 무턱대고 비싼 차부터 뽑고 보는 사람들과 달리 버핏은 억만장자가 된 지금까지도 구형 폭스바겐을 몰고 다닌다.

> > >
나는 열한 살에 처음 주식 투자를 시작했다.
그때까지는 인생을 낭비하고 있었던 셈이다. < < <

No.002

　　　　　자신이 앞으로 무엇을 해야 할지는 빨리 깨닫으면 깨달을수록 좋다. 투자에 뜻을 둔 사람이라면 하루라도 빨리 투자를 시작해야 효과적으로 복리의 마법을 부릴 수 있다. 젊을 때부터 '도박'을 해야 한다는 말이 결코 아니다. 빨리 투자를 시작하면 현명한 투자 결정을 통해 수익을 올릴 수 있는 기회가 그만큼 많아진다는 뜻이다.

　버핏이 열한 살 때 처음 매수한 종목은 시티 서비스City Services라는 석유 회사의 주식이었다. 38달러에 세 주를 매수했는데, 얼마 지나지 않아 주가가 27달러로 떨어졌다. 버핏은 이에 흔들리지 않았고, 결국 주당 40달러에 주식을 팔 수 있었다. 그런데 며칠 뒤, 이 주식의 주가가 주당 200달러로 치솟았다. 이때 버핏은 투자에서 가장 중요한 덕목이 바로 '인내'라는 사실을 깨달았다. 한마디로 기다리는 자에게 복이 온다는 말이다. 물론 이는 올바른 종목을 선택한다는 전제 아래 가능한 이야기이다.

>>> 행복은 돈으로 살 수 있는 것이 아니다. <<<

No.003

버핏은 부자가 되는 것과 행복해지는 것의 차이를 확실하게 구분할 줄 알았다. 때문에 세상 사람들 모두가 입을 딱 벌릴 정도로 어마어마한 부자가 된 지금도 예전 그대로의 생활 방식을 고수하고 있다. 자신이 나고 자란 곳에서 고등학교 시절에 만났던 사람들과 아직도 얼굴을 맞대고 사는 것이다. 그의 가르침을 배우기 위해 찾아온 대학생들이 성공의 정의를 내려 달라고 하면 버핏은 "성공이란 사랑받고 싶었던 사람들에게 사랑을 받는 것"이라고 대답한다.

누구든 세계 제일의 갑부가 될 수 있다. 그러나 아무리 돈이 많아도 가족과 친구들의 사랑을 받지 못한다면 그는 세상에서 가장 가난한 사람일 뿐이다.

> > >
매도 호가는 높게, 매수 호가는 낮게 부르라. < < <

No.004

대부분의 투자자들은 주식을 매도할 때는 가격을 높게 부르고, 매수할 때는 낮게 부르는 것을 부끄럽게 여긴다. 남에게 탐욕스럽거나 값싼 인간으로 보이고 싶지 않기 때문이다. 그러나 비즈니스 세계에서는 매매 과정에서 돈을 얼마나 받거나 주는지에 따라 돈을 벌 것인지 아니면 잃을 것인지가 결정된다. 그리고 그에 따라 당신이 부자가 될 수 있는지, 만약 된다면 얼마나 큰 부자가 될 수 있는지가 결정된다. 매매 협상이 시작되고 나서도 처음에 부른 매도 호가를 낮추거나 매수 호가를 올릴 수는 있다. 그러나 그 반대는 불가능하다. 즉, 협상 과정에서 최초에 제시한 매도 호가를 더 높이거나 매수 호가를 더 낮추는 일은 매우 어려운 것이다.

버핏은 이 원칙의 중요성을 매우 잘 알고 있어서, 자신이 정한 가격 기준에 맞지 않으면 자주 거래를 중단했다. 캐피털 시티즈^{Capital Cities}가 ABC 방송국과 합병할 때의 일화는 이런 버핏의 원칙을 잘 보여 준다. 당시에 그는 자신이 투자한 돈에 비해 캐피털 시티즈가 자

||||| 16

신에게 주려는 지분이 적다는 사실을 알고는 과감하게 거래를 중단했다. 아니나 다를까 바로 다음날 캐피털 시티즈는 고개를 숙였고, 버핏은 원하는 조건으로 거래를 성사시킬 수 있었다. 구하라, 그러면 얻을 것이다. 그러나 구하지 않으면 절대 얻을 수 없다.

>>>
나쁜 상대와 좋은 거래를 할 수는 없다.
거래 상대를 신중하게 선택하라.<<<

No.005

주식 거래에 있어 한 번 나쁜 상대는 영원히 나쁜 상대다. 처음 나빴던 상대와는 앞으로도 결코 좋은 거래를 할 수 없다는 말이다. 세상에는 선량하고 정직한 거래 상대가 많다. 그런 이들을 놔두고 정직하지 못한 상대와 거래하는 것은 어리석은 행동이다. 거래 도중 '이 상대를 믿어야 할까?'라고 자문해야 한다면 당장 협상 테이블을 떠나라. 지금 믿을 수 없는 사람은 앞으로도 믿을 수 없다. 그렇다면 왜 굳이 믿으려 하는가? 더 정직한 상대를 찾아 거래하는 것이 훨씬 현명한 행동이다.

버핏은 살로먼 브라더스 Salomon Brothers 투자 은행 이사회와의 일화를 통해 이 교훈의 중요성을 여실히 증명하고 있다. 당시 살로먼 브라더스에서 근무하던 투자 은행가들은 버핏의 만류에도 불구하고 영국의 언론 재벌인 로버트 맥스웰 Robert Maxwell과 거래를 계속하고 있었다. 로버트 맥스웰은 재무 상태가 매우 불안정해서 '부도 수표 Bouncing Czech'라고 불릴 정도였는데도 말이다(맥스웰이 수표 check와 발음이 같은

18

체크 ^{Czech} 출신이었다는 점에서 생긴 별명). 결국 버핏의 충고에도 불구하고 계속 고집을 부렸던 살로먼 브라더스는 후에 로버트 맥스웰의 갑작스러운 자살로 일어난 소용돌이 속에서 투자금을 회수하느라 진땀을 빼야 했다.

  원칙은 아주 간단하다. 정직하고 성실한 사람은 결국 자신의 실력을 발휘하게 되어 있으며, 정직하지 못한 사람은 자신의 실력을 발휘할 수 없다. 양자를 명확히 구분하는 것이 관건이다.

>>> 미국에서 개인이 모은 가장 큰 재산은 50개 기업으로 구성된 포트폴리오로 형성된 것이 아니다.
오직 하나의 탁월한 사업을 알아본 사람에 의해 가장 큰 부(富)가 완성되었다. <<<

No. 006

사업으로 성공한 가문들을 살펴보면 예외 없이 오직 하나의 유망 사업에만 집중했다는 사실을 알 수 있다. 허스트Hearst가는 출판으로 돈을 벌었고, 월튼Walton가는 소매 유통업, 리글리Wrigley가는 추잉껌, 마르스Mars가는 제과업, 게이츠Gates가는 소프트웨어, 쿠어스Coors가와 부시Busch가는 주류업에 각각 매진했다. 이외에도 한 우물을 판 끝에 성공한 기업가 가문은 무수히 많다. 반면 이렇게 성공했던 이들도 주력 사업이 아닌 다른 영역으로 눈을 돌릴 때마다 거의 예외 없이 엄청난 돈을 잃었다. 코카콜라Coca-Cola가 영화 사업에 손을 댔다가 큰 낭패를 보았던 경우가 그 예이다.

버핏의 성공 비결 중 하나는 탁월한 사업의 특성을 파악할 수 있었다는 데 있다. 즉, 그는 소비자의 마음을 지속적으로 사로잡을 수 있는 경쟁 우위를 확보한 사업을 정확히 찾아낼 수 있었던 것이다. 껌 하면 리글리즈Wrigley's가 떠오르고, 할인점 하면 월마트WalMart가 떠오를 것이다. 또 시원한 맥주 하면 쿠어스나 버드와이저Budweiser가 떠오른다. 이런 우월한 지위가 바로 해당 제품을 생산하는 업체들에게 힘을 실어 주는 요소다.

버핏은 주식 시장의 근시안적 비관론 때문에 가치가 터무니없이 낮게 평가된 위대한 기업들이 존재한다는 사실을 발견했다. 그리고 지체 없이 이 기업들의 주식을 가능한 많이 매수했다. 그 결과, 그가 경영하는 버크셔 해서웨이Berkshire Hathaway는 알짜 기업들의 주식을 다량 보유할 수 있었다. 이렇게 버핏이 샀던 주식들은 과거에는 주식 시장에서 별다른 주목을 받지 못하고 저평가되었지만, 지금은 버크셔 해서웨이에 엄청난 수익을 안겨 주고 있다.

>>> 일단 서명하면 계약을 파기하는 것은 불가능하다.
계약서에 서명하기 전에 충분히 검토하라.<<<

No. 007

　　　　　　버핏이 로즈 블룸킨Rose Blumkin과 네브래스카 퍼니처 마트Nebraska Furniture Mart, NFM의 인수 계약을 체결할 때의 일이다. 이때 버핏은 계약서를 작성하면서 경쟁 금지 조항을 빠뜨리는 실수를 저지르고 말았다. 몇 년 뒤 NFM의 사업 방식에 불만을 품은 로즈 블룸킨은 곧바로 길 건너편에 자신의 매장을 열었다. NFM은 큰 타격을 입을 수밖에 없었다. 몇 년 동안 극심한 출혈 경쟁을 벌인 끝에 버핏은 결국 손을 들고 말았다. 로즈 블룸킨의 매장을 무려 500만 달러에 매수하는 것으로 일을 마무리 지은 것이다. 물론 두 번째 계약서를 작성할 때는 경쟁 금지 조항을 삽입하는 것을 잊지 않았다. 로즈 블룸킨은 무려 103세가 될 때까지 일선에서 활동했으니 경쟁 금지 조항을 집어넣지 않았다면 또 한 번 낭패를 봤을지도 모를 일이다.

　버핏은 이 사건을 계기로 일단 계약서에 서명을 하면 절대 계약을 돌이킬 수 없다는 사실을 절실하게 깨달았다. 계약하기 이전의 상태로 되돌릴 수도 없으며, 잘된 거래인지 잘못된 거래인지 다시 생각해

22

볼 여지도 없는 것이다. 그러므로 서명하기 전에 모든 것을 고려하고 또 고려해야 한다. 사실 이렇게 말하기는 쉽지만 실천하기는 매우 어렵다. 막상 계약서가 눈앞에 놓이면 거래를 성사시키고 싶은 욕심에 이런저런 이성적인 생각들이 머릿속에서 다 빠져나가 버리기 때문이다.

  계약서에 서명을 하기 전에 그 계약으로 인해 발생할 수 있는 온갖 부정적인 상황을 모두 그려 보라. 언제든 이런 부정적인 일들이 발생할 수 있기 때문이다. 앞으로 가야 할 길 위에 등장할 수 있는 장애물을 미리 예측하고 이에 대비하지 않으면 안전한 여행을 하기 어렵다. 서명을 하기 전에 충분히 심사숙고해야만 계약 후에 일어날지 모르는 난관에서 벗어날 수 있다는 사실을 명심하자.

> > >
곤란한 상황에서 빠져나오는 것보다 그런 상황에 빠지지 않도록 조심하는 것이 훨씬 쉽다. < < <

No.008

돈에 눈이 멀어 법을 어기고 싶은 유혹에 빠질 때가 있다. 이런 유혹을 처음부터 뿌리치는 것이 쉬울까, 아니면 유혹에 굴복하여 큰 어려움에 빠진 다음 거기서 헤어나는 것이 더 쉬울까? 물론 전자가 훨씬 쉽다는 사실은 누구나 다 알 것이다. 아무리 달콤한 유혹이라도 문제가 될 씨앗은 아예 만들지 않는 것이 상책이다. 제때에 제대로 일을 하기만 하면 곤란한 상황에 처할 일은 없다. 그러나 일단 부정을 저질러 곤란한 상황에 빠진 다음에 여기서 빠져나오기 위해서는 엄청난 돈과 법률적 수완이 필요하다. 더구나 소중한 시간도 낭비하게 된다.

버핏은 월스트리트Wall Street의 투자 은행 살로먼 브라더스에 투자했던 7억 달러를 잃을 뻔했을 때 이 같은 사실을 뼈저리게 깨달았다. 이곳에서 근무하던 한 주식 거래인이 부당 이득을 취하기 위해 불법 채권 거래를 했는데, 이것이 발각되어 연방 준비은행이 회사를 폐쇄할 지경에까지 이르렀던 것이다. 이 난국에서 벗어나기 위해 회사가 얼마나 엄청난 대가를 치렀는지 아는가? 고위직에 있던 거래인 몇 명과 회장, CEO 등이 줄줄이 회사를 떠나야 했고, 거기다 수백만 달러의 법무 비용과 벌금을 물어야 했다. 다시 한 번 말하지만 처음부터 곤란한 상황에 빠지지 않도록 주의하는 것이 훨씬 쉬우며, 수익 면에서도 유리하다는 사실을 명심해야 한다.

> > >
투자 결정은 결혼을 결정하는 것처럼 신중하게! < < <

No.009

　　　　　　버핏은 무슨 일이 있어도 한 번 내린 결정은 번복할 수 없다는 자세로 투자에 임해야 한다고 생각한다. 그런데 이렇게 하려면 사전에 철저히 조사를 해야 한다.

　결혼을 떠올려 보자. 사람들은 결혼을 결정하기 전에 우선 상대를 탐색하고(데이트), 자문가들(친구 및 주변 사람들)에게 조언을 구한 다음, 오랫동안 그리고 신중하게 생각한다. 투자도 이와 다르지 않다. 투자할 회사를 철저히 연구하여 모든 것을 파악했다는 확신이 선 다음에 투자하기로 결정을 내려야 한다.

　이와 동시에 기억해야 할 것이 있다. 바로 투자는 '평생'을 함께하는 게임이며, 실제로 돈을 버는 것 역시 평생에 걸친 일이라는 사실이다. 버핏은 1973년 워싱턴 포스트 컴퍼니 Washington Post Company에 1,100만 달러를 투자해 얻은 주식을 지금까지 보유하고 있다. 버핏이 이 회사와 '결혼'한 지난 33년 동안 그 가치는 무려 15억 달러로 뛰어올랐다.

자신이 선택한 길이 옳다고 계속 확신할 수 있다면 당신은 그에 걸맞은 멋진 보상을 받게 될 것이다. 단, 처음부터 올바른 길을 택해야 가능하다는 것을 잊어서는 안 된다.

>>>
롤스로이스를 타는 사람이
지하철을 타는 사람에게 조언을 구하는 곳은
월스트리트밖에 없다.<<<

No.010

　　　　　이미 큰돈을 번 현명한 사업가가 자신이 남들에게 해 주는 조언조차 직접 실천하지 못하는 주식 중개인에게 왜 자문을 구하는 것일까? 주식 중개인의 자문이 그렇게 가치 있는 것이라면 정작 본인은 왜 부자가 되지 못했을까? 혹시 이들은 단지 중개 수수료를 챙기기 위해 조언을 해 주는 것이 아닐까?

　당신이 부자가 되려면 우선 자신에게 돈을 투자해야 한다고 말하는 사람들을 경계하라. 특히 당신에게 많이 팔면 팔수록 그들이 더 많은 돈을 벌게 되는 경우에는 더욱 주의하라. 주식 중개인들 중에는 당신의 돈으로 자신의 배만 불리려는 이도 있다. 만약 당신의 돈을 완전히 잃는다면 그들은 어떻게 할까? 아마 아무 일 없었다는 듯이 자신의 서비스를 제공할 또 다른 투자자를 찾아 나설 것이다.

　버핏은 월스트리트의 투자 분석가들이 짜깁기한 장밋빛 사업 전망에 쉽게 눈길을 주지 않는다. 업종을 불문하고 사업 전망이라는 것은 언제나 지나치게 장밋빛을 띠게 마련이다.

>>>
명성을 쌓는 데는 20년이 걸리지만,
잃는 데는 5분도 채 걸리지 않는다.
이를 진심으로 깨닫는다면
아마도 지금과는 다르게 행동할 것이다.<<<

한 번의 실수와 이로 인한 언론의 무차별 공격은 평생 쌓은 명성을 하루아침에 무너뜨릴 수 있다. 그러므로 옳지 않다면 아예 하지 않는 것이 가장 좋다. 일단 행한 다음에는 아차 싶어 빠져나가려 해도 자신이 감당할 수 없을 만큼의 대가를 치러야 한다. 이는 버핏이 자신의 아이들에게 귀에 못이 박힐 정도로 자주 들려주었던 그의 신조라고 할 수 있다.

보험 업계의 거물인 AIG American International Group의 회계 부정이 만천하에 드러났을 때 버핏은 직원들에게 이렇게 말했다.

"돈을 잃어도 좋습니다. 아주 큰돈을 잃더라도 상관없습니다. 하지만 절대로 명성을 잃어서는 안 됩니다. 아무리 작은 명성이라도 말입니다. 이는 내가 반년마다의 보고서에서 누차 언급했던 부분입니다. 그리고 현재 보험 업계에서 진행되고 있는 조사는 이 메시지가 반드시 지켜져야 함을 증명합니다.

결국 우리는 합당한 평가를 받게 될 것입니다. 회사의 명성, 신뢰가 중요함을 깨달아 정도에서 벗어나지 않는다면 법정에서 낭비될 수도 있는 엄청난 돈을 아낄 수 있음을 알아야 합니다. 얄팍한 조작과 속임수는 오히려 해가 된다는 사실을 잊지 말아야 합니다."

　월스트리트에는 신뢰와 명성이 중요하다는 버핏의 메시지를 무시한 거물 기업들도 많았다. 그리고 이들은 예외 없이 욕심에 눈이 멀어 이성적인 판단을 내리지 못한 결과 망하고 말았다.

> > >
주식 시장은 하늘과 마찬가지로
'스스로 돕는 자'를 돕는다.
그러나 하늘과 달리 자신이 무엇을 하는지
모르는 자를 눈감아 주지는 않는다. < < <

주식 시장은 자신이 무엇을 하는지 아는 이에게는 부를 선사한다. 그러나 무엇을 하는지 모르는 이에게는 가차 없이 가난을 안긴다. 그래서 무지한 사람이 탐욕스럽기까지 하면 심각한 금전적 타격을 입게 되는 것이다.

강세장이 절정에 달했던 1969년, 주가가 고평가되었다고 판단한 버핏은 보유 주식을 모두 처분했다. 4년 뒤인 1973년, 장세는 완전히 반전되어 주식이 매우 싼값에 거래되기 시작했고, 버핏은 그의 표현을 빌자면 "여자 구경 못했던 사람이 닥치는 대로 미녀들을 취하듯" 가격이 폭락한 주식을 대규모로 사들였다. 결국 버핏은 이 '미녀'들 덕분에 억만장자가 될 수 있었다.

버핏과 달리 1969년 이후에도 시장에 계속 남아 있었던 투자가 중 상당수는 1973~1974년의 주가 폭락으로 빈털터리가 되어 재기 불능 상태에 이르렀다. 더 이상 주식을 살 돈이 남아 있지 않았던 것이다. 자신이 무엇을 하는지 모르는 데 따르는 대가는 이처럼 엄청나다.

> > >
나는 내가 넘지 못할 2미터의 막대를
뛰어넘으려 하지 않는다. 충분히 넘을 수 있는
30센티미터의 막대를 넘으면 그만이다. < < <

No.*013*

버핏은 결코 하늘의 별을 따겠다는 허황된 꿈을 꾸지 않는다. 타석에 들어설 때마다 홈런을 치겠다고 욕심을 부리지도 않는다. 다만 자신만의 고유한 타격 자세를 잡은 뒤 자신이 좋아하는 공이 오기를 묵묵히 기다릴 뿐이다. 더 이상 개선할 필요가 없는 훌륭한 제품을 생산하는 회사, 20년 후에도 건재할 것이 확실한 사업, 전부 매수해도 좋을 가격에 주식이 매매되는 회사 등을 노리는 것이 버핏이 말하는 자신만의 고유한 타격 자세다.

지금은 세계 최고의 광고 대행사라고 인정받는 오길비앤매더 Ogilvy&Mather이지만, 1973~1974년 주식 시장 붕괴 당시에는 주식이 주당 4달러에 거래되고 있었다. 주당 순이익이 76센트였으므로 주가 수익률PER은 5배였다. 버핏은 이렇게 오길비앤매더가 저평가되고 있을 동안 이 회사의 주식을 있는 대로 매수하여 몇 년 동안 보유하다가 자신의 연 수익률이 20퍼센트를 넘자 이를 모두 매도, 차익을 챙겼다. 버핏은 그야말로 단순하고도 간단한 투자 원칙을 실행한 셈이다.

이처럼 주식 시장에서는 종종 단기적 성과에 집중한 나머지 기업의 장기적인 경제 가치를 제대로 평가하지 못하는 경우가 있다. 때로는 탁월한 기업의 가격을 잘못 매기기도 한다. 버핏은 이런 절호의 기회를 놓치지 않는다. 버핏의 투자 스타일은 이처럼 매우 간단하다. 월스트리트에 무수하게 떠도는 예측이나 복잡한 투자 전략은 그에게 어울리지 않는 것이다.

> > >
습관이라는 사슬은 끊어지기 전까지는
너무 가벼워 그 무게를 전혀 느끼지 못한다. < < <

No.014

　　　　　　　　　　이는 버핏이 즐겨 인용하는, 영국의 철학자 버트란드 러셀Bertrand Russell의 말이다. 버핏은 이 말이 잘못된 비즈니스 습관은 돌이킬 수 없는 지경에 이를 때까지 알아차리기 어렵다는 사실을 매우 잘 표현하고 있다고 생각했다.

　사업이 곤경에 처한 다음에야 비용을 절감하는 기업을 떠올려 보자. 원래 비용 절감이란 사업이 위험해지기 전에 취해야 할 조치다. 호시절을 틈타 불필요한 비용을 마구 써서 몸집만 비대해진 기업은 상황이 나빠지면 침몰하기 쉽다. 이런 기업은 상황이 나빠져도 호시절에나 통했던 경영 습관에 젖어 비합리적인 지출을 계속한다. 대부분의 사람들은 이런 빛 좋은 개살구에 불과한 회사를 보면서 자기 자신을 속이는 일에 몰두하는 것이다. 무슨 일을 하기 전에 자신에게 어떤 습관이 있는지 이성적으로 꼼꼼히 따져 보는 것이 상책이다. 지금 나가고 있는 방향이 마음에 들지 않을 때는 폭풍우가 몰아치는 바다 한가운데서 침몰하는 운명을 맞기 전에 미리 방향 전환을 해야 한다.

벤저민 그레이엄Benjamin Graham은 장기적인 기업 가치와는 상관 없이, 장부 가치 이하로 거래되는 저가 주식에 투자하는 전략을 구사했다. 그리고 그의 영향을 받은 버핏 역시 비슷한 투자 전략을 구사했다. 버핏은 이러한 가치 투자로 1950년대와 1960년대 초까지 큰 이득을 봤던 차였다. 그리고 이 전략이 더 이상 먹혀들지 않았음에도 오랫동안 이 투자 습관을 유지했다. 요컨대 습관이라는 사슬의 무게를 느끼지 못한 것이다. 버핏은 1970년대 말이 되어서야 비로소 벤저민 그레이엄의 가치 투자 전략이 먹히던 시대는 끝났다는 사실을 깨달았다. 그래서 우량주 혹은 성장주를 적정 가격에 매수하여 오랜 기간 보유하는 것으로 투자 전략을 수정했다. 버핏은 벤저민 그레이엄의 투자 전략으로 백만장자가 되었지만, 자신의 새로운 전략으로는 억만장자가 되었다.

>>>
돈을 보고 결혼하는 것은 어리석은 짓이다.
당신이 이미 부자라면 더욱 그렇다.<<<

No.015

현명한 사람은 돈 때문에 결혼을 하면 나중에 엄청난 대가를 치러야 한다는 사실을 알고 있다. 이미 어느 정도 돈이 있는 상황이라면 그렇게 복잡하고 어려운 길을 선택할 필요가 없는 것이다. 그보다는 사랑하는 사람과 결혼한 다음 둘이 함께 돈을 버는 것이 백번 쉽고 편하다. 버핏과 수지 Susie Buffett는 사랑해서 결혼했고, 함께 돈을 벌어 부자가 되었다. 이렇게 함께 돈을 번 부부는 쉽게 헤어지지 않는다. 헤어지지 않으면 이혼하는 과정에서 엄청난 돈을 놓고 싸우는 일도 없을 것이다(버핏은 이혼의 지혜에 대해서는 말하지 않았다).

>>>
뭔가 대단한 일을 해야만
위대한 결과를 얻을 수 있는 것은 아니다.<<<

No.016

하루아침에 벼락부자가 되는 것만이 부자가 되는 유일한 길은 아니다. 버핏은 연평균 수익률은 200퍼센트가 아니라 20퍼센트를 목표로 한다. 연리 20퍼센트로 10만 달러를 투자하면 20년 후에는 총 380만 달러가 된다. 30년이면 2,370만 달러다.

주식 투자는 마라톤과 같다. 한 번의 긴 패스로 끝나는 미식축구가 아니다. 그럼에도 연평균 수익률 100퍼센트를 꿈꾸는 사람들은 장기적 관점에서 본 연평균 수익률 20퍼센트의 가치를 쉽게 무시해 버린다.

주식을 산다는 것은
기업의 일부를 산다는 의미다.<<<

No.017

　　　　　대부분의 투자자들은 주식을 사는 것이 실제로 기업의 일부를 사는 것이라는 점을 종종 잊어버린다. 이와 달리 버핏은 주식을 매수하는 것이 기업의 일부를 소유하는 것이라고 생각한다. 이렇게 생각하면 주식을 거래할 때 너무 많은 돈을 지불하는 것이 아닌지 스스로 판단할 수 있기 때문이다. 버핏은 우선 자신이 매수한 주가에 그 회사에서 발행한 주식의 총수를 곱해 본다. 그리고 나서 그 금액으로 그 기업을 통째로 매수한다면 괜찮은 거래일지 아닐지를 스스로에게 묻는다. 기업 전체를 너무 비싸게 매수한다고 여겨진다면 주식 한 주도 비싸게 매수하는 것이라고 볼 수 있다. 이런 방식으로 주식의 가치를 판단하면 강세장의 투기 열풍으로 인해 과도하게 평가된 주식을 터무니없이 비싼 가격에 매수하는 일은 피할 수 있다. 월스트리트에서 가장 환상적인 종목이라 하더라도 적정 매수가에 거래되는 경우는 거의 없다.

>>> 여러 사람에게 의견을 묻는다고 해서
결코 현명한 결정을 내릴 수 있는 것은 아니다.<<<

No.018

　　　　　버핏은 다른 사람에게 자신의 아이디어가 어떤지 물어보지 않는다. 왜냐하면 그의 아이디어는 보통 사람들이 생각하는 것과 정반대인 경우가 많기 때문이다. 이처럼 투자의 세계에서 큰돈을 벌기 위해서는 우선 자기 스스로 생각하는 법을 배워야 한다. 그리고 자기 스스로 생각하기 위해서는 홀로 서는 것을 두려워하지 말아야 한다.

　버핏은 투자를 처음 시작할 때부터 홀로 설 줄 알았다. 뉴욕에서 멀리 떨어진 오마하에 사는 것도 월스트리트의 영향을 받지 않고 홀로 서기 위해서다. 버핏은 아무도 원하지 않던 버크셔 해서웨이를 인수했다. 또한 아무도 관심을 갖지 않던 아메리칸 익스프레스American Express와 워싱턴 포스트 컴퍼니의 주식을 샀다. 또 아무도 원하지 않던 제너럴 푸드General Foods, 알제이알 토바코RJR Tobacco, 가이코Geico를 사들였다. 역시 누구도 거들떠보지 않았던 워싱턴 퍼블릭 파워 서플라이 시스템Washington Public Power Supply System 채권을 매입했고, 아무도 관심을 두지 않았던 정크 본드junk bond, 신용 등급이 낮은 기업이 발행하는 고위험·고수익 채권에도 손을 댔다. 이 가운데는 아직까지 보유하고 있는 주식도 있고, 수년간 보유하다 매도한 주식도 있지만, 중요한 사실은 버핏이 이 주식 모두에서 이익을 거두었다는 점이다. 만약 그가 월스트리트 전문가들의 말을 듣고 투자를 결정했다면 분명 이 모든 기회를 놓쳤을 것이다.

> > >
5조 달러 규모의 미국 주식 시장에서
돈을 벌지 못하면서 수천 마일 떨어진 해외에서
실력을 보여 준다는 것은 희망 사항에 불과하다. < < <

그러나 참으로 묘하게도 이 말을 한 지 10년이 흐른 뒤에 버핏은 해외에서도 실력을 보여 주기 시작했다. 2003년 버핏은 중국 정부가 90퍼센트의 지분을 갖고 있는 페트로차이나PetroChina 정유 회사의 주식 5억 달러어치를 매수했다. 버핏의 농담처럼 이제 이 회사는 그의 손안에 들어온 것이나 다름없었다. 페트로차이나는 수익률이 세계 4위인 정유 회사로, 생산량이 미국의 엑슨 모빌Exxon Mobil에 버금간다. 그런데 버핏은 이 회사의 주식을 서유럽 정유 회사 가치의 3분의 1 가격으로 사들인 것이다. 이후 이 회사의 가치는 400퍼센트 상승했다. 이것이야말로 지역을 가리지 않고 그의 실력을 보여 준 예라고 할 수 있다.

› › ›
바보라도 운영할 수 있는 기업에 투자해야 한다.
실제로 바보가 회사를 운영하는 날이 올지도
모르기 때문이다. ‹ ‹ ‹

No.020

기업 중에는 경제적 기초 체력이 튼튼한 곳과 그렇지 못한 곳이 있다. 기초 체력이 튼튼한 기업은 쉽사리 무너지지 않으므로, 투자자들은 이런 기업에 투자를 해야 한다. 버핏이 투자했던 코카콜라나 월마트, 리글리즈, 허쉬 Hershey, 에이치앤알 블록 H&R Block 등이 바로 튼튼한 기초 체력으로 투자자들에게 확실한 수익을 보장하는 기업들이다. 이런 기업들은 CEO가 아무리 멍청해도 투자자들은 수익을 낼 수 있다. 그러나 만약 멍청한 CEO가 운영할까 봐 걱정되는 기업이라면 위에서 말한 기초 체력이 튼튼하다고 할 수 없으므로 피해야 한다.

>>>
어떤 투자든 최소한 자신이 보유한
순자산의 10퍼센트를 투자할 수 있는
용기와 확신을 가져야 한다.<<<

'확신'은 앞으로 일어날 일을 미리 아는 데서 생기고, '바람'은 앞으로 일어날 일을 막연히 기대하는 데서 비롯된다. 투자라는 게임으로 돈을 벌기 위해서는 막연한 바람이 아닌 분명한 확신을 가져야 한다. 즉, 자신이 무엇을 하고 있는지 알아야 한다는 말이다. 버핏 정도의 확신을 갖는 가장 확실한 방법은 적지 않은 금액을 투자하는 것이다. 이렇게 하면 자신이 투자한 돈에 좀 더 집중할 수 있고, 사전 조사와 분석도 더 철저히 하게 된다. 반면 지금 당신의 투자 전략이 막연한 바람에 기초하고 있다면 성공할 가능성은 극히 적다고 보아야 한다.

>>> 돈이 삶의 질을 어느 정도 높여 주는 것은
사실이지만, 돈으로 타인의 사랑과
자신의 건강을 살 수는 없다. <<<

　　　　　　지나치게 많은 돈은 비극을 초래한다. 생각해 보자. 부모가 돈이 많으면 자식들은 부모의 재산을 상속받을 수 있다는 생각에 열심히 일하지 않는다. 그런데 일을 하지 않으면 일을 통해서만 얻을 수 있는 자부심과 긍지를 결코 느끼지 못한다. 자식은 부모가 일찍 돌아가시기 바라며 허송세월하게 되고, 결국 비참한 최후를 맞게 된다.

　상상할 수 없을 정도로 부자인 사람의 주변에는 언제나 아첨꾼이 꼬이게 마련이다. 부자는 이들의 온갖 사탕발림을 들으며 자신이 정말 대단한 사람이나 된 듯한 착각 속에 살지만, 정작 세상 사람들에게는 가장 멍청한 사람으로 비치고 만다. 자기 돈으로 자기 인생을 사는 것이 아니라, 부하나 변호사, 회계사, 그리고 소위 돈을 관리하는 이들로부터 ― 이들은 모두 당신의 돈을 자기 것으로 만들려고 한다 ― 자신의 재산을 지키기 위해 대부분의 시간을 허비한다.

　버핏은 자식들에게 큰 재산을 물려주면 그들이 자신만의 인생을 살 수 없다고 생각한다. 그리고 부모의 재산을 물려받은 사람들이 상류층을 형성하는 것이 사회적으로도 결코 좋지 않다고 생각한다. 일한 만큼 벌고 번 만큼 대우받으며 사는, 능력 위주의 사회가 국가 발전에 더 기여한다는 생각이다. 바로 이런 이유 때문에 버핏은 주식 투자로 번 돈 320억 달러를 자선 단체에 기부할 수 있었다. 이 기부금은 그에게 돈을 벌게 해 준 사회로 되돌아가 더 나은 사회를 만드는 데 도움을 줄 것이다. 세상에서 돈을 버는 모든 사람들에게 버핏의 이런 고결한 생각이 하나의 상식으로 자리 잡도록 해야 할 일이다.

워렌버핏
투자노트
Chapter 2

Business
투자 기업
고르기

>>> 세상에 영원한 것은 아무것도 없다. <<<

No.023

　　　　　한창 급등하고 있는 주가도, 해당 기업의 경제적 실체가 드러나면 이내 상승세가 꺾이게 마련이다. 영원히 승승장구할 것처럼 보이는 기업의 주가도, 주가 상승을 이끄는 투자자들의 기대에 부응하지 못하면 곧바로 추풍낙엽처럼 추락하고 만다. 지금 잘 나가는 사업도 언젠가는 무너질 수 있다. 정도의 차이, 시간의 차이는 있을지언정 '모든 것은 변한다'는 진리는 절대 바뀌지 않는다.

　자동차용 안테나가 유망 사업일 때가 있었다. 비디오 플레이어가 유행했던 적도 있었다. 타자기를 매매하고 수리하는 일이 국가 경제의 중요한 축이었던 때도 있었다. 그러나 이제 이들 사업은 아무런 경제적 가치가 없는, 역사 속의 유물이 되었다. 모든 것에는 끝이 있다. 굴러가는 공만 살펴서는 안 된다. 공이 어디로 굴러가고 있는지도 미리 살펴야 한다.

　버핏 역시 이미 수명을 다했거나 급격히 수명을 다해 가는 사업에 투자했던 적이 있었다. 거의 종말을 고했다고 볼 수 있는 블루 칩 스

탬프 Blue Chip Stamps, 슈퍼마켓이나 주유소에서 손님들에게 나눠 주는 스탬프를 공급하는 업체. 나중에 이 스탬프를 모아 필요한 물건으로 교환할 수 있었다나 현재 슬금슬금 사라지고 있는 월드 북 백과사전 World Book Encyclopedia이 그 좋은 예다. 이들은 변화하는 비즈니스 환경에서 돈을 벌 능력을 상실한 기업들이었다. 아무리 뛰어난 천재라도 언제나 미래를 정확하게 예측할 수 있는 것은 아닌가 보다.

>>>
회사 운영 능력이 탁월한 경영자도
기초 체력이 부실한 기업은 어쩔 수 없다.<<<

No.024

　　　　　　　세상에는 곤경에 처하더라도 상황을 역전시킬 만큼의 충분한 자금을 보유한 위대한 기업이 있다. 회사의 기초 체력이 그만큼 튼튼하다는 말이다. 반면 어려움에 처했을 때 체력을 회복하지 못하는 고만고만한 기업도 있다. 이런 기업은 아무리 뛰어난 경영자가 회사를 운영한다 해도 상황의 반전을 기대하기 어렵다.

　위대한 기업은 현금이 풍부한 반면 부채는 거의 없다. 또한 어려운 상황을 돌파하거나 불황을 견디는 능력도 뛰어나다. 그러나 평범한 기업은 언제나 현금 확보에 전전긍긍하며, 부채는 넘쳐 난다. 또한 회사 경영이 어려워지면 아랫돌 빼서 윗돌 괴는 식으로 대처할 수밖에 없기 때문에 상황은 더욱 악화된다. 경영자가 아무리 회사를 잘 운영한다 해도 기초 체력이 부실한 기업의 실적은 언제나 부진을 면치 못한다.

>>> 회계는 업종을 불문하고 모든 사업의 언어다. <<<

No.025

사업이 잘 되고 있는지 알아보는 방법은 여러 가지다. 그러나 그 방법들이 무엇이건 결국 비즈니스의 언어인 회계로 귀결되게 마련이다.

어느 날 회사 동료의 딸이 버핏에게 대학에서 어떤 과목을 공부하면 좋겠느냐고 묻자 그는 이렇게 대답했다. "회계를 해 보렴. 회계는 비즈니스의 언어라고 할 수 있으니까." 기업의 경제적 상태를 나타내는 재무제표를 제대로 보려면 그곳에 적힌 숫자가 무엇을 의미하는지 알아야 한다. 그리고 회계는 바로 그 숫자들의 의미를 알려 준다.

채점표를 읽지 못하면 점수를 제대로 매길 수 없다. 점수를 매길 수 없다면 승자와 패자를 구분하는 것도 불가능하다.

> > > 변화는 쉽게 일어나지 않는다. < < <

No.026

세상에는 부실한 기초 체력 때문에 저가에 거래되는 기업이 수두룩하다. 버핏은 이런 기업보다는 제대로 된 가격에 거래되는 우량 기업을 선호한다. 우량 기업임에도 저가에 매매되는 경우라면 더욱 선호한다(그러나 이런 경우는 극히 드물다).

주가와 상관없이 불량 기업은 그저 불량 기업일 뿐이다. 주가는 변할 수 있지만, 기업이 지닌 고유한 경제적 특성은 웬만해서는 변하지 않는다. 우량 기업은 우량 기업으로 남고, 불량 기업은 계속해서 불량 기업으로 남을 것이다. 불량 기업이 어느 날 갑자기 우량 기업이 되는 일은 별로 없다.

못생긴 개구리가 공주의 키스를 받고 멋진 왕자로 변한다는 아름다운 동화가 있다. 또 자신의 키스면 개구리도 왕자로 바꿀 수 있다고 생각하는 CEO도 많다. 그러나 전체 개구리 중 95퍼센트는 키스를 받아도 그대로 개구리다. 더구나 왕자로 변한 5퍼센트의 개구리도 원래는 개구리가 아니었다고 한다면…….

버핏은 불량 기업보다, 돈이 더 많이 들더라도 기초 체력이 튼튼한 우량 기업에 돈과 노력을 투자해야 한다고 생각한다. 그것이 마법의 키스를 필요로 하는 불량 기업 — 아무리 저가에 거래된다고 하더라도 — 에 투자하는 것보다 훨씬 바람직하다고 생각하기 때문이다. 버핏 자신도 개구리에게 키스를 한 적이 몇 번 있었다. 그러나 느낌은 별로 좋지 않았다고 한다.

> > > **사업 실적이 좋으면 주가도 따라 오른다.** < < <

No.027

　　　　　오랫동안 주력 사업으로 우수한 실적을 올리면 회사의 내재 가치가 상승되고, 상승된 기업 가치는 결국 주가에 반영된다는 것이 버핏의 지론이다. 이와 마찬가지로, 오랫동안 주력 사업에서 실적이 좋지 못하면 기업 가치는 하락하고, 그것이 주가 하락으로 이어진다. 이처럼 오랜 시간에 걸쳐 형성된 기업 가치는 좋은 쪽이든 나쁜 쪽이든 주가를 합리적인 방향으로 교정하는 역할을 한다. 강세장에서 주가가 치솟았던 인터넷 관련 주식을 보라. 장기에 걸쳐 수익을 내지 못한 인터넷 기업의 주가는 결국 폭락하고 말았다. 마찬가지로 우량 기업의 주가는 대폭락장에서 바닥을 치더라도 회사의 수익 능력에 이상이 없음을 시장이 알게 되면 곧바로 회복된다.

　가격이 폭락한 종목을 살 때는 그 회사의 장기적인 기업 가치에 문제가 없는지 반드시 확인해야 한다. 장기적 기업 가치가 건재하다면 기업의 장기적인 실적도 우수할 것이고, 이것은 결국 주가에 반영될 것이다.

기본적으로 주가가 오르기 위해서는 사업 실적이 우수해야 한다. 그리고 처음부터 우량인 기업일수록 사업 실적이 우수해질 가능성이 더 크다는 것은 자명한 사실이다. 워싱턴 포스트 컴퍼니, 코카콜라, 디즈니Disney, 아메리칸 익스프레스, 제너럴 푸드, 웰스 파고Wells Fargo, 인터퍼블릭 그룹Interpublic Group, 가이코 등은 버핏이 매입할 당시, 해결 가능한 일회성 문제, 업종 자체의 불황, 약세장 등의 이유로 부진한 주가를 면치 못했지만 기업 가치는 여전히 건재했다. 이를 증명이라도 하듯 이들 기업은 장기에 걸쳐 뛰어난 실적을 보여 주었고, 주식 시장도 그들을 재평가했다. 결국 이들 기업의 주가는 멋지게 반등했다.

>>>
주식 투자는 자신이 다닐 회사를 선택하는 것과
비슷하다. 이는 '어려운' 문제라기보다
'올바른 선택' 의 문제다. 확실한 기차에 올라타야
시간 낭비와 고통을 그만큼 줄일 수 있다.<<<

No.028

투자 종목을 고르는 것은 자신이 다닐 회사를 선택하는 것과 비슷하다. 장기적인 경쟁력이 부실한 기업은 좋은 실적을 내기 어렵다. 좋은 실적을 내지 못하는 기업의 직원은 자기 실력을 제대로 발휘하기 어렵다. 월급은 다른 회사에 비해 적고, 잘 오르지도 않을 뿐더러, 오른다 하더라도 상당한 시간이 걸릴 것이다. 그리고 회사는 항상 비용 절감의 압박에 시달리기 때문에 언제 해고의 칼날을 휘두를지 모른다. 실직의 위험도 그만큼 높다.

오랫동안 노력하여 튼튼한 기초 체력을 갖춘 기업은 어떠할까? 이런 회사는 대개 현금이 여유로운 편이다. 따라서 월급도 많고, 실적에 따른 연봉 인상과 보너스도 잦다. 게다가 경영진은 항상 풍부한 현금을 유용하게 사용할 방법을 모색하기 때문에 회사가 발전할 여지도 많다.

직장인이라면 누구나 높은 이윤을 내는 회사, 돈을 많이 버는 회사에서 일하고 싶어 한다. 동시에 이윤이 낮은 회사, 수익을 내지 못하는 회사는 피하고 싶어 한다. 전자는 젖과 꿀이 흐르는 비옥한 땅으로 향하는 우등 열차이며, 후자는 황량한 시베리아 벌판으로 떠나는 완행 화물 열차이다. 당신의 선택은 어떠한가?

> > >
부실 운영과 부실 경영은
부실 회계로 이어진다. < < <

No.029

　　　　　　　　　기초 체력이 부실한 데다가 경영진의 정직성과 신뢰도에도 문제가 있는 기업은 반드시 회계에도 문제가 생긴다. 실제로는 수익이 없음에도 회계 장부에는 수익이 있는 것처럼 기재하는 일이 발생하는 것이다.

　사실 장부를 조작하기란 아주 쉽다. 예를 들어 보자. A사는 자사의 비용을 제휴 업체 B사에 대한 투자 항목으로 허위 기재한다. 그러면 B사는 이 투자금의 일부를 수익금 명목으로 A사에 지불하고, A사는 이 수익금을 자사의 수입란에 기재한다. 이렇게 하면 펜 몇 번 끄적이는 것으로 순식간에 비용은 줄고, 수익은 늘어나게 된다. 사실이야 어떻든 이렇게 수익이 늘어나면 경영자는 주주와 월스트리트로부터 갈채를 받는다. 주가도 따라서 상승한다. 수백 만 달러의 보너스를 챙기는 동시에 대통령과의 오찬에 초대되는 영광도 누린다. 바로 엔론Enron의 이야기다. 지금도 어떤 기업에서는 회계 부정을 저지르고 있다는 사실을 명심하라.

>>>
성장하기 위해 많은 자본이 필요한 사업과
많은 자본이 필요 없는
사업의 차이는 크다.<<<

No. 030

　　　　　　　　성장하는 데 큰 자본이 필요 없는 종목을 선택하는 것, 이것이 바로 버핏이 구사하는 장기 보유 전략의 성공 비결이다. 사업을 성장시키는 데 많은 자본이 필요한 업종은 주식을 매입, 장기 보유하더라도 주식 가치는 결코 성장하지 않는다. 게다가 이런 업종은 경쟁에서 살아남기 위해 끊임없이 자본을 투입해야 한다. 5년마다 제품을 재구성product mix하는 데 수십억 달러를 들여야 한다면 사업 규모 확대나 신사업 인수, 주식 환매 등에 지출할 돈은 그만큼 적어지게 된다. 한편 사업을 성장시키는 데 가외 자본을 투입할 필요가 없는 경우에는 이 돈을 사업 규모 확대 등에 지출할 수 있다. 이렇게 되면 회사의 주당 순이익이 증가하고, 결국 주가도 상승하게 된다.

　버핏이 제너럴 모터스General Motors나 인텔Intel보다 리글리즈나 코카콜라를 선호하는 이유가 바로 여기에 있다. 리글리즈나 코카콜라 같은 회사는 제품을 재구성하거나 제조 공장의 설비를 교체하는 데 수십억 달러를 들일 일이 없다. 대신 자사주를 매입하는 등 주가 상승에 유리한 작업에 돈을 사용할 수 있다. 반면에 제너럴 모터스나 인텔은 제품 재구성과 공장 재설비에 수십억 달러를 투입해야 한다. 이렇게 하지 않으면 곧 경쟁 업체에게 추월당하기 때문이다.

  성장하는 데 막대한 자본이 필요한 업종을 선택하면 큰돈을 벌기 어렵다. 반면 성장에 큰 자본이 필요 없는 종목을 선택해서 손해를 보는 일은 거의 없다.

>>>
기초 체력이 부실한 기업은 한 가지 문제를
해결하고 나면 곧바로 또 다른 문제에 봉착한다.
부엌에 바퀴벌레가 한 마리만 있는 경우는
드물기 때문이다.<<<

기초 체력이 부실한 기업은 낮은 판매 이윤으로 고생하면서도 경쟁에서 살아남기 위해 끊임없이 설비를 향상시켜야 한다. 또한 지속적인 업그레이드가 필요한 제품이라면 연구 개발에 자금을 지원해야 하는 부담도 덤으로 안는다. 예를 들어 제품 라인에 변화를 주기로 결정한 자동차 제조업체는 공장 재설비에 수십억 달러를 들여야 한다. 이는 사업 규모 확대나 신사업 인수, 자사주 매입 등 수익 증가 활동에 사용할 돈을 빼먹는 결과로 이어진다. 단 한 번의 예측 실수로 회사가 파산할 수도 있다. 이렇게 저마진, 저수익 구조는 항상 비용과의 전쟁을 치러야 한다. 여기에 해외의 값싼 노동력까지 유입되는 상황을 고려한다면 현재의 상태로는 더 이상 견뎌 낼 여력이 없게 된다. 장기 투자 전략을 구사할 때 이런 기업은 반드시 피해야 한다. 버핏은 이런 회사의 주식이 마치 병원균이라도 되듯 거저 준다 해도 눈길조차 주지 않는다.

> > >
싸구려 시장으로 진출해도 매출을 증가시킬 수는 있지만, 일단 싸구려로 전락하면 다시 고가 시장으로 올라가기 힘들다. < < <

No.032

많은 소비자들의 마음 한구석을 견고하게 점하고 있는 제품들이 있다. 바로 어떤 제품 하면 곧바로 머릿속에 떠오르는 상표, 즉 브랜드 상품들이다. 가령 크리넥스Kleenex, 탐팩스Tampax, 여성 위생용품, 윈덱스Windex, 유리 세정제, 스니커즈Snickers, 초콜릿 바, 리글리즈, 디즈니, 코카콜라 같은 상표들은 모두 소비자의 머릿속에 확실하게 각인된 브랜드들이다.

소비자들은 이런 브랜드 제품에 일정한 기대를 한다. 그리고 제품은 이런 소비자들의 기대를 충족시키기 때문에 제조사가 제품의 가격을 올릴 수 있는 것이다. 결국 제조사들은 자사 제품을 이렇게 자랑할 만한 위치로 끌어올리기 위해 수백만 달러의 지출을 마다하지 않는다.

반면 더 많은 이익을 얻으려는 목적으로 품질을 낮추는 회사는 어렵게 사로잡았던 소비자의 마음을 하루아침에 잃게 된다. 실제로 이런 일은 비일비재하다. 소비자는 품질이 나빠지면 더 이상 그 제품을 사용하지 않는다. 또한 저질 제품으로 인한 불쾌한 경험이 소비자의 머릿속에 오랫동안 남기 때문에 제조사가 품질을 다시 향상시키더라도 원래의 고급스러운 이미지를 회복하기는 거의 불가능하다.

> > >
CEO에게 합병으로 회사 몸집을 키우라고 하는 것은 10대 아들에게 올바른 성생활을 하라고 충고하는 것만큼이나 무모한 행동이다. < < <

No.033

　　　　　　프랑스의 유명한 수학자이자 철학자인 파스칼 Pascal 은 "인간의 모든 비극은 혼자 조용히 방에 있지 못하는 데서 비롯된다"라고 했다. 그런데 CEO들은 대개 조용히 방에 있지 못한다. 그들은 동분서주하며 이 회사 저 회사와 계약을 맺고, 이를 통해 회사 몸집을 불리는 일만이 자신들이 받는 엄청난 연봉에 걸맞은 행동이라고 생각한다. 월스트리트가 이를 부추기는 면도 분명 있다. 거기에다 기존의 문제를 해결하기보다 새로운 문제를 떠맡기가 종종 더 쉽다는 사실도 작용한다.

　버핏은 이렇게 타 기업과의 합병을 통해 무조건 몸집부터 불리고 보려는 CEO들의 무모한 열정을 경계한다. 대신 지속적인 경쟁 우위를 지닌 기업만을 사들인다. 이런 기업은 높은 자기 자본 이익률과 지속적으로 높은 수익률이 증명하듯 경제적 기초 체력이 튼튼하다. 이와 대비되는 것이 버핏이 말하는 소위 무차별 상품형 commodity-type 사업이다. 이런 유형의 사업은 소비자가 구매를 결정하는 중요한 요인이 가격밖에 없는 제품과 서비스를 제공하기 때문에 자본 이익률도 낮고, 수익률도 일정하지 않다. 전 세계에 있는 회사 대부분이 이러한 무차별 상품형 기업에 속한다. 그러므로 여기 속하지 않는 소수의 기업을 찾아내는 것이 버핏으로서도 그다지 쉬운 작업은 아니다. 그러나 한 가지 확실한 것이 있다. 버핏은 지속적인 경쟁 우위를 보이는 기업을 발견하면 지체하지 않고 사들인다는 사실이다. 그는 무언가를 원하기 이전에 이미 자신이 무엇을 원하는지 분명히 알고 있다.

> > >
돈을 잃었던 방법 그대로 다시 벌 필요는 없다.< < <

No.034

초보 투자자들은 처음에 주식 시장에서 돈을 잃으면 여간해서 그곳을 떠나지 못하고, 다시 주식으로 손실을 만회하려고 한다. 마치 카지노에서 돈을 잃은 사람이 행운의 여신이 다시 찾아와 주기를 바라며 계속 게임에 몰두하는 것과 마찬가지다.

그러나 주식 시장에서의 투자 게임은 카지노 게임과는 다르다. 즉, 주식 시장에서는 종목에 따라 투자 리스크가 현격한 차이를 보이는 것이다. 그리고 이 투자 리스크는 주로 사업의 질과 그 질에 대비한 주식 가격에 의해 결정된다. 즉, 사업의 질이 높을수록, 그리고 사업의 질에 비해 주가가 낮을수록 리스크는 낮아진다. 그런데 대개의 경우 사업의 질이 높으면 주가도 높다. 그러므로 사업의 질이 높은 기업의 주식을 높은 가격에 사는 것은 그다지 수지맞는 거래라고 할 수 없다. 그러나 주식 시장은 묘한 구석이 있어서 질 높은 기업을 낮은 가격에 살 수 있는 경우가 종종 있다. 바로 이때가 돈을 벌 수 있는 기회다. 주식 시장에서 반드시 피해야 하는 것은 질 낮은 기업을 높은 가격에 사는 일이다. 이는 돈을 잃는 지름길이다. 요컨대 질이 높은 기업과 질에 비해 저가인 종목은 취하고, 질이 낮은 기업과 질에 비해 고가인 종목은 피해야 한다.

주식 투자는 종목 하나하나가 완전히 새로운 게임이라는 사실을 명심하라. 종목의 가격이 변함에 따라 승률도 수시로 변화한다. 그러므로 충분한 안전 마진$^{margin\ of\ safety}$이 확보될 정도로 승률이 자신에게 유리하게 전개될 때를 기다려 크게 투자하는 것이 돈을 버는 비결이다. 재미있는 것은, 주식 시장은 카지노와 달리 종종 아주 성공이 확실한 종목들을 선보인다는 사실이다. 버핏이 추구하는 것은 오직 이처럼 확실한 성공을 보장하는 종목들뿐이다.

>>> 나는 10년 혹은 15년 후의 그림이 그려지는 사업을 찾는다. 리글리즈 추잉껌이 그런 예다.
인터넷 때문에 사람들이 더 이상 껌을 씹지 않을 것이라고 생각하기는 어렵다. <<<

No. 035

꾸준한 제품은 꾸준한 수익을 낸다. 제품에 큰 변화를 줄 필요가 없다면 연구 개발비를 따로 지출할 필요가 없으므로 매우 유리하다. 더구나 기복이 심한 유행에 휘둘릴 필요도 없다. 맥주나 탄산음료, 사탕을 생각해 보라. 버드와이저는 장장 백여 년 동안 똑같은 맥주를 만들었고, 코카콜라도 백 년 전과 똑같은, 짙은 초콜릿 빛깔의 음료를 판매하고 있다. 리글리즈 역시 백 년 넘게 똑같은 추잉껌을 만들었다. 여기서 어떤 경향을 발견했는가? 이 업체들이 앞으로 15년 후에 어떤 제품을 판매할 것인지 예측할 수 있겠는가? 그렇다면 여러분은 이제 제2의 워렌 버핏이 된 것이나 마찬가지다.

워렌버핏
투자노트
Chapter 3

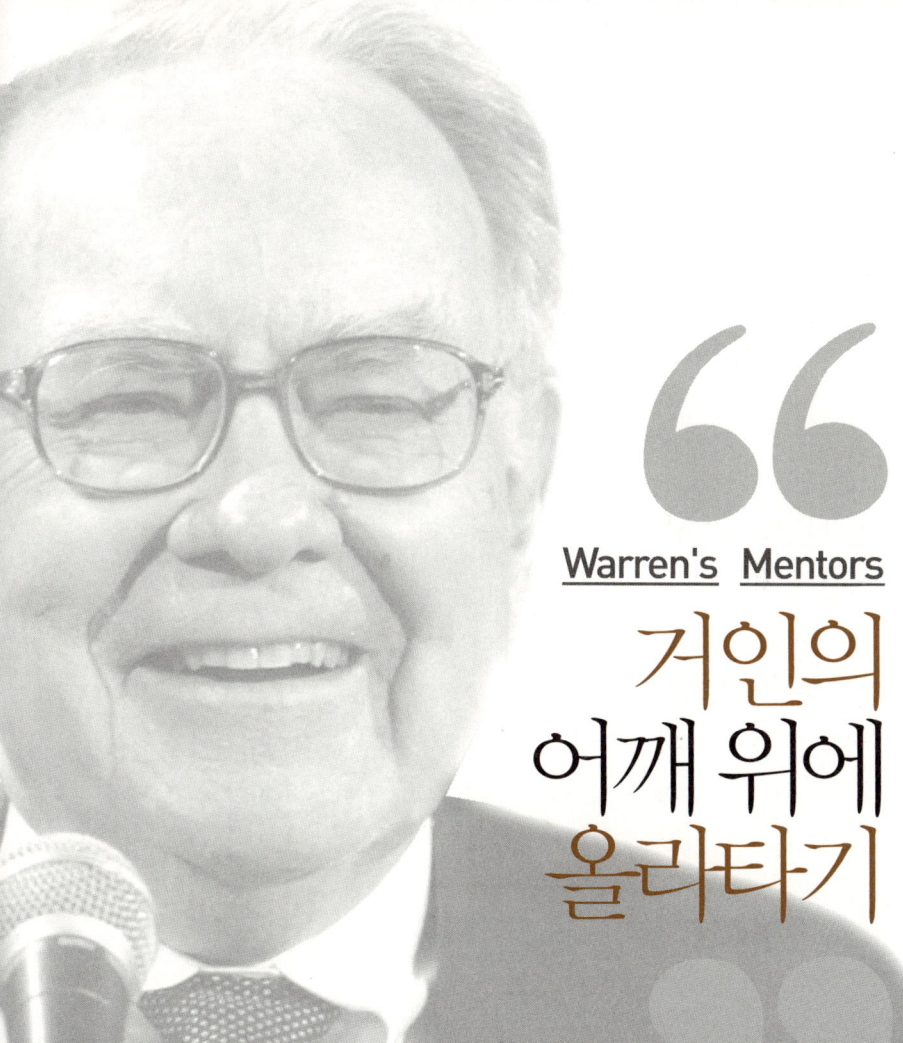

Warren's Mentors

거인의
어깨 위에
올라타기

>>> 오래전에 누군가가 나무를 심었기 때문에
오늘 당신이 나무 그늘에서
편히 쉴 수 있는 것이다. <<<

No. 036

벤저민 그레이엄이 가치 투자라는 개념을 창안하는 노고를 기울이지 않았다면 버핏은 아직도 할아버지가 운영하는 식료품 가게나 지키고 있을지 모른다. 거인의 어깨 위에 올라타면 당신이 일하는 분야에서 더 큰 성공을 거둘 수 있다. 중요한 것은 자신에게 맞는 거인을 선택하는 일이다.

버핏은 당시 '월스트리트의 스승'이라 불리던 벤저민 그레이엄을 자신의 거인으로 선택했다. 그는 뉴욕의 컬럼비아 대학 Columbia University을 찾아 벤저민 그레이엄의 가치 투자 강의를 들었는데, 당시 함께 수업을 들었던 빌 루안 Bill Ruane의 말에 따르면 "두 사람 사이에 불꽃이 튀는 것 같았다"고 한다. 그 후 버핏은 벤저민 그레이엄이 운영하는 월스트리트의 투자 회사에서 일하기 시작했다. 버핏의 투자 신화가 시작된 것은 이때부터다.

> > >
충분한 내부 정보와 100만 달러라는
거금을 갖고도 1년 안에 파산할 수 있다. < < <

No.037

　　　　　　유용하다 싶은 내부 정보를 들었다면 다른 사람은 이미 그것을 이용하고 있다는 사실을 명심하라. 더구나 내부 정보를 이용한 거래는 불법이다. 버핏은 오마하처럼 월스트리트에서 멀리 떨어진 곳에 살면 좋은 점 하나가 점심 식사 도중 내부 정보라며 이것저것 떠들어 대는 사람들이 없다는 것이라고 말한다.

　파렴치한 이들은 종종 특정 종목의 주가를 올리기 위해 근거 없는 루머를 퍼뜨려 어수룩한 투자자들에게 피해를 준다. 1920년대를 풍미했던 저명한 투자자 버나드 바루크 Bernard Baruch는 믿을 만한 최신 정보라는 꼬리표를 달고 나온 종목은, 그 말을 듣는 즉시 팔아 치운 것으로 유명하다. 바루크는 이런 방식으로 큰돈을 벌 수 있었다.

>>> 벤저민 그레이엄과 필 피셔 Phil Fisher 의 책을 읽으라.
기업의 연차 보고서도 읽으라.
그러나 문자 그대로 따라해서는 곤란하다. <<<

No.038

벤저민 그레이엄은 기업의 장기 가치에 비해 낮은 가격에 거래되는 종목만 매수하라고 했다. 저가로 매수하면 큰 손해를 볼 가능성은 줄고, 안전한 수익은 보장된다. 이것이 바로 안전 마진 개념이다.

또 필 피셔는 우량 기업의 주식을 매수하여 기업의 사내 유보 이익 retained earnings, 이익 중 일부를 준비금 등으로 사내에 유보시키는 것이 기업 가치 상승으로 이어질 때까지 장기간 보유하라고 권한다.

버핏은 "저가 주식을 매수하여 안전 마진을 확보하라"는 벤저민 그레이엄의 가르침과 "초우량 기업을 매수하여 장기간 보유하라"는 필 피셔의 가르침을 참고로 '가치에 비해 저가인 주식을 매수하여 장기간 보유하는' 자신만의 고유한 투자 전략을 창안했다. '부분의 합은 전체보다 크다'는 말이 사실임을 확인할 수 있는 부분이다. 이를 토대로 버핏은 당대 최고의 투자 고수였던 벤저민 그레이엄이나 필 피셔보다 훨씬 많은 돈을 벌어들였다.

버핏은 창의적인 사람이다. 위대한 투자 고수들의 말을 있는 그대로 따르는 것은 그들의 글을 읽고 창의적으로 사고할 수 없는, 머리가 경직된 월스트리트의 투자자에게나 걸맞는 일이다.

>>> 나는 사업가이기 때문에 더 좋은 투자가가
될 수 있고, 또 투자가이기 때문에
더 좋은 사업가가 될 수 있었다. <<<

No.039

뛰어난 사업가는 좋은 사업과 그렇지 못한 사업을 구별할 줄 안다. 마찬가지로 뛰어난 투자가는 사업체가 싸게 거래되고 있는 때와 비싸게 거래되고 있는 때를 구별할 줄 안다. 그러므로 훌륭한 투자가가 되려면 훌륭한 사업가처럼 좋은 사업과 그렇지 못한 사업을 구별할 줄 알아야 한다. 또 어떤 사업체를 매수하려 할 때는, 즉 뛰어난 사업가가 되기 위해서는 훌륭한 투자가처럼 그 사업체가 싸게 거래되고 있는지 아니면 가격이 부풀려져 있는지를 알아야 한다. 이 두 가지를 완벽하게 접목시킬 수 있다면 쉽게 억만장자가 될 수 있을 것이다. 하지만 언뜻 쉬워 보여도 이보다 어려운 일은 거의 없다.

초창기에 버핏은 기업의 과거 재무 상태에만 관심을 두고, 기업이 생산하는 제품에는 전혀 신경을 쓰지 않았다. 버핏의 스승 벤저민 그레이엄은 알아야 할 모든 것이 '숫자'에 반영되어 있다고 믿었기 때문에 섬유처럼 장기 경쟁력이 낮은 무차별 상품형 사업과 코카콜라처럼 강력한 장기 경쟁력을 갖춘 소비자 독점형 consumer-monopoly 사업을 구분하지 않았기 때문이다. 그러나 버핏은 당시 고전을 면치 못하던 무차별 상품형 사업을 활발하게 거래하던 와중에, 경쟁 우위를 지녀 우수한 실적을 낼 수 있는 사업은 소비자 독점형 기업이라는 사실을 깨달았다. 그 후 버핏은 경쟁 우위가 있는 소비자 독점형 기업만 사들였다. 이런 기업들은 저가에 거래될 때를 기다리지 않아도 되었다. 제값만 주고 살 수만 있다면 장기간 보유했을 때 반드시 큰돈을 벌어줄 것이라고 버핏은 확신했다.

> > >
시대에 뒤떨어진 원칙은 이미 원칙이 아니다. < < <

No.040

어느 날 버핏은 스승 벤저민 그레이엄의 투자 원칙이 더 이상 먹히지 않는다는 사실을 깨달았다. 그가 특정 기업 혹은 사업의 기초 경제력은 고려하지 말고 무조건 저가 주식이면 매수하라고 가르쳤기 때문이다. 1940년대와 1950년대에는 이 전략이 먹혀들었다. 그러나 너도나도 사용하게 되면서 이 투자 원칙은 점점 그 효용성이 떨어지기 시작했다. 황금알을 찾기가 그만큼 어려워진 것이다. 이에 버핏은 이 낡을 대로 낡은 원칙을 과감히 버리고, 장기적으로 지속적인 경쟁 우위가 있는 우량 기업에 투자하는 쪽으로 방향을 틀었다. 이제는 반드시 저가주가 아니더라도 상관없었다. 우량 기업의 주식이라면 저가가 아니라도 기업의 지속적인 수익 창출에 힘입어 반드시 오를 것이라는 확신이 있었기 때문이다. 이 새로운 원칙을 통해 버핏은 엄청난 부자가 될 수 있었다.

이를 가장 분명히 보여 주는 사례가 코카콜라 주식을 사들인 일이다. 버핏은 당시 주가 수익률의 20배에 달하는 가격으로 코카콜라주를 매수했다. 아마 예전의 버핏이라면 절대로 그렇게 하지 않았을 것이다. 왜냐하면 가치 평가 기법에 비추어 볼 때 코카콜라의 주가는 너무 높았기 때문이다. 그러나 과거의 낡은 투자 원칙을 버리고 새로운 원칙을 받아들인 버핏에게 코카콜라는 제값보다 약간 비싸긴 하지만 결국 수십억 달러의 보상이 돌아올 종목이었다. 표범도 때로는 자신의 몸에 난 점의 배열을 바꾸는 것이 이로울 때가 있다.

> > >
모두가 노리는 종목에 투자하려면
아주 비싼 대가를 치러야 한다. < < <

모든 투자자들이 제2의 마이크로소프트 Microsoft라고 동의하는 종목이 있다면, 그 종목을 사기 위해서는 엄청난 가격을 지불해야 한다. 그런데 이런 종목은 향후 주가가 오를 일은 별로 없는 반면 떨어질 일은 아주 많다. 우리가 찾고자 하는 것은 아무도 주목하지 않는 종목 혹은 대형 투자 펀드에서 관심을 갖지 않는 종목, 장기적 경제 가치에 비해 저가로 거래되는 종목이다. 가격이 오른 종목 중 많은 것이 내릴 것이고, 내린 종목 중 많은 것이 다시 오를 것이다. 이것이 버핏의 스승 벤저민 그레이엄이 내건 슬로건이다. 우리는 주가가 하락한 종목이 다시 오르는 것에 관심이 있다. 다시 말해, 가격이 떨어질 일만 남은 종목을 고가로 매수하는 것보다는 가격이 오를 일만 남은 종목을 저가로 매수하는 것에 더 관심이 있다.

워렌버핏
투자노트
Chapter 4

Education
스스로 익히는
투자 전략

>>>
위대한 투자자가 되기 위해
대단한 수학 실력이 필요했다면
아마 나는 신문 배달이나 했을 것이다.<<<

No.042

　　　　　　　버핏은 위대한 투자자가 되기 위해 필요한 수학 실력은 더하기, 빼기, 곱하기, 나누기 등의 기본적인 사칙 연산과 확률을 신속하게 계산할 수 있는 정도라고 했다. 프랑스 속담에도 있듯이, 이 이상을 아는 것은 시간 낭비다. 그러나 이 정도도 알지 못한다면 주식 게임 자체를 시작할 수 없다.

>>>
스스로 생각할 수 있어야 한다.
나는 지금까지 다른 사람으로부터
좋은 아이디어를 얻은 적이 별로 없다.<<<

No.043

지능이 높은 사람들 중에도 부자가 되기 위해서는 남들을 그대로 모방해야 한다고 생각하는 이가 의외로 많다. 이렇게 된 데에는 교사를 그대로 따라하는 학생에게 보상이 주어지는 교육 풍토에도 부분적인 책임이 있다.

월스트리트의 주류를 이루는 대부분의 투자 전략은 다수를 따라하는 것에 기초하고 있다. 대중에게 인기가 없는 것보다 인기가 많은 것을 판매하기가 더 쉽기 때문이다. 하지만 주식 투자로 돈을 벌려면 다수를 그대로 따라해서는 곤란하다. 오히려 오늘은 월스트리트에서 주목하지 않고 있지만 내일이면 사려고 안달할 종목을 알아볼 수 있어야 한다. 다수를 쫓아가는 사람들은 남의 뒤꽁무니만 따라다니느라 시간을 낭비하기 십상이다.

> > >
언론인이 똑똑해질수록 더 나은 사회를 만들 수 있다. < < <

No.044

　　　　　　보통 우리는 언론 매체를 통해 투자 관련 정보를 습득한다. 다시 말해, 현재의 사태에 대한 정확하고 적절한 분석을 전적으로 언론인에게 의존하고 있는 것이다. 그렇다면 당신은 우리에게 정보를 알려 주는 이가 멍청하기를 바라는가, 아니면 똑똑하기를 바라는가? 대답은 분명하다.

　버핏은 훌륭한 선생님 아래에서 훌륭한 제자가 나온다는 말에 전적으로 동의한다. 이와 마찬가지로 언론인이 똑똑해야 사회도 똑똑해진다. 사회가 똑똑해지기를 바라지 않는 사람은 아마 무언가를 감추려고 하는 거짓말쟁이와 도둑, 정치인뿐일 것이다.

> > >
자신의 경험을 통해 배우는 것도 좋지만, 가능하면 다른 사람의 경험을 통해 배우는 것이 현명하다. < < <

No.045

경험은 최고의 스승이다. 그러나 매번 자신의 실수를 통해 배워야 한다면 치러야 할 수업료가 너무 비싸지고 말 것이다. 그러므로 다른 사람의 실수에서 교훈을 얻는 것도 지혜로운 행동이다. 버핏이 다른 사람의 사업과 투자 실패담을 분석하고 연구하는 이유도 여기 있다. 버핏은 다른 사람들이 무엇을 잘못했는지 살피고, 자신은 그 길로 가지 않는다. 이러한 전략은 오로지 성공담에만 초점을 맞추는 대다수 경영 대학원의 입장과는 정반대라고 할 수 있다. 투자와 사업의 세계에는 성공하는 사람보다 실패하는 사람이 더 많은 법이다. 무엇을 해야 하는지 알아야 하는 것과 마찬가지로 무엇을 하면 안 될지도 알아야 한다.

워렌버핏
투자노트
Chapter 5

Warren's Management Philosophy

버핏의 경영 철학

>>>
강아지에게
성견의 기술을 가르치기는 어렵다.<<<

No.046

산전수전 다 겪은 노장은 어떻게 하면 돈을 벌 수 있는지 본능적으로 알고 있다. 하지만 이렇게 오랜 연륜과 함께 터득한 지혜와 통찰력을 젊은 관리자들에게 가르치는 일은 거의 불가능에 가깝다는 사실을 버핏은 깨달았다. 버핏은 지금 70대이며, 동업자인 찰리 멍거Charlie Munger는 80대다. 그리고 로즈 블룸킨은 NFM을 100세가 넘어서까지 운영했다. 버핏의 투자 회사 버크셔 해서웨이의 고위 관리자들 가운데 상당수가 70대다. 그러나 버핏은 강제적인 정년을 정하고 있지 않다. 버핏의 세계에서는 65세면 이제 막 시작하는 나이다. 오래된 방식으로 돈을 버는 데는 젊음과 패기보다 연륜과 경험이 더 소중한 미덕이다.

>>>
누군가를 고용하려 할 때는 정직, 지능, 열정
이 세 가지를 살펴야 한다.
그중에서도 가장 중요한 것이 정직이다.
정직하지 않다면 지능과 열정도 그 빛을 잃는다.<<<

No.047

    누군가를 고용하여 사업을 맡기는 것은 그에게 자신의 통장을 맡기는 것과 같다. 고용인이 뛰어난 지능과 열심히 일하려는 열정을 지녔다면 고용주에게 큰돈을 벌어 줄 것이다. 그러나 그가 정직하지 못하다면 좋은 머리를 굴려 고용주의 돈을 빼돌리는 일에만 혈안이 될지도 모른다. 그러므로 정직하지 못한 사람을 고용해야 한다면 열심히 일하는 사람과 머리 좋은 사람은 피하는 것이 상책이다.

    버핏의 경영 철학 중 가장 중요한 것은 정직이다. 버핏이 로즈 블룸킨으로부터 NFM을 인수할 때의 일이다. 버핏은 그녀에게 회사의 인수 가격이 얼마인지 물었고, 로즈 블룸킨이 이에 대답했다. 그런데 다음 날 버핏은 장부 감사도 요구하지 않은 채 4,000만 달러 수표를 건네는 것으로 인수를 마무리 지었다. 로즈 블룸킨을 비롯한 고위 경영진들은 모두 깜짝 놀랄 수 밖에 없었다. 나중에 그녀가 버핏에게 이유를 묻자, 그는 자신의 회계사보다 그녀를 더 믿었기 때문이라고 말했다.

  관리자에게 최대한의 자율 경영권을 주는 것이 버핏의 스타일이다. 이렇게 하면 관리자는 자기 회사를 운영하듯 최대한 자유롭게 경영할 수 있다. 그러나 정직하지 못한 관리자에게는 그만큼의 자율을 부여하지 않는다.

>>>
물고기에게 땅에서 걷는 일이 어떤 것인지 설명할
수 있을까? 수백 번 이야기하는 것보다
단 하루라도 직접 걸어 보게 하는 것이 낫다.
사업을 운영하는 것도 이와 마찬가지다. <<<

No.048

군대에 갔다 온 남자들과 이야기를 할 기회가 종종 있다. 그런데 그들 대부분은 처음에는 군대 생활을 재미있는 놀이 정도로 생각했다가 누군가 총을 쏘기 시작해서야 비로소 더 이상 놀이가 아님을 깨달았다고 말한다.

사업도 마찬가지다. 사업 역시 책 속에 파묻힌 상아탑과는 다르다. 실제 비즈니스 세계에서는 제품이나 서비스를 생산하는 과정에서 발생하는 여러 가지 문제를 해결해야 하고, 고객과 직접 부딪치며 그들을 끌어들이고 유지해야 한다. NFM의 창업자이자 최고 경영자였던 로즈 블룸킨 역시 비즈니스 현장에서 진두지휘하며 수십 년에 걸쳐 큰 성공을 일궈 낸 인물이다. 젊음과 패기보다 연륜과 경험이 우선이라는 버핏의 좌우명은 버크셔 해서웨이의 금고를 두둑이 불려 주는 역할을 했다.

>>> 수영장의 물이 다 빠지고 나서야 누군가 알몸으로 헤엄치고 있었다는 사실을 알게 된다. <<<

No.049

회계 장부를 조작한 사실을 숨긴 채 월스트리트의 총애를 받았던 몇몇 기업들이 있었다. 그러나 실제로 돈이 보이지 않으면 환상에 가까웠던 열렬한 호들갑은 한순간에 사라지고 만다. 남는 것은 텅 빈 통장과 파산 선고뿐이다.

썰물이 일고 엔론의 실체가 드러나자 우리는 엔론의 제왕이 벌거벗은 채로 헤엄치고 있었다는 사실을 알게 되었다. 문제는 물이 빠지기 전까지는 누가 알몸으로 헤엄치고 있는지 모른다는 것이다.

>>>
아이디어가 부실하면
말이 화려해진다. <<<

No. 050

이것은 대문호 괴테^{Goethe}가 한 말을 버핏이 인용한 것이다. 경영자는 자신의 아이디어가 실패로 돌아가 사업이 제대로 운영되지 않으면 그럴듯한 말로 자신의 무능을 변명하는 경향이 있다. CEO는 자신의 잘못된 결정으로 화가 난 주주들을 달래기 위해 끊임없이 그럴듯한 변명거리를 만들어 낸다.

주주들의 비난을 피하려고 하는 것은 결국 자신의 결정에 책임을 지지 않겠다는 의미다. 책임지지 않는 CEO를 기업의 리더라고 할 수 있을까? 그가 기업을 이끌 인재가 아니라면 사업을 맡길 다른 사람을 찾아봐야 하지 않을까? 주주인 내가 바로 그 회사의 소유주가 아닌가?

버핏은 자신이 경영하는 버크셔 해서웨이의 소유주가 바로 주주들이라는 사실을 한시도 잊은 적이 없다. 그래서 그는 좋은 소식을 환영하지만, 나쁜 소식이라고 무마하려 하지 않는다.

>>>
"오늘부터 비용을 절감하겠다"고 말하는 관리자는
그다지 훌륭하다고 볼 수 없다.
"오늘부터 숨쉬기 운동을 해야겠다"고
말하는 것과 다를 바 없기 때문이다. <<<

예방 주사는 병에 걸리기 전에 맞아야 한다. 병에 걸린 후에는 주사를 맞아도 아무 소용이 없다. 그런데 비즈니스의 세계에서는 병에 걸린 후에야 예방 주사를 놓는 일들이 자주 일어난다.

버핏은 문제가 발생하기 전에 문제의 소지를 없애는 능동적 관리가 중요하다고 생각한다. 사업을 시작한 순간부터 미리미리 비용을 절감한다면 향후 경쟁사의 공격에 더 잘 대처할 수 있을 것이다. 더구나 상황이 호전되면 더 많은 수익을 얻을 수도 있다. 버크셔 해서웨이 본사에는 반드시 필요한 사무기기만 비치한다. 이처럼 버핏은 자신이 믿는 바를 행동으로 보여 주는 사람이다.

만약 느닷없이 비용 절감을 표방하는 회사가 있다면 그것은 그 회사의 관리자가 회사 설립 이후 줄곧 비용 절감을 게을리했다는 반증으로 보아도 좋다. 그런 관리자가 주주들에게 큰돈을 벌어다 줄 것이라고 기대하기는 어렵다.

>>>
사랑받고 있는 사람 중 자신이 실패했다고
생각하는 이는 없다. 동시에 사랑받지 못하면서
성공했다고 생각하는 사람도 없다.<<<

사랑은 100만 달러를 줘도 살 수 없다. 사랑을 받는 유일한 방법은 스스로 사랑받을 만한 사람이 되는 것이다. 사랑받는 사람은 먼저 남에게 자신이 가진 것을 준다. 그리고 결과적으로 준 것보다 더 많이 받는다. 그는 먼저 남에게 주지 않으면 아무것도 얻지 못한다는 사실을 안다. 이렇게 사랑을 받는 사람 중 자신이 성공하지 못했다고 느끼는 사람은 없다. 또한 사랑을 받지 못하면서도 성공했다고 느끼는 사람도 없다.

사랑은 버핏이 개인적으로 중요하게 생각하는 가치로, 그의 사업과 경영을 통해서도 이를 확인할 수 있다. 버핏은 언제나 자신의 일을 사랑할 줄 아는 사람만 고용한다. 자기 일을 사랑할 줄 아는 사람이 다른 사람들도 그렇게 하도록 도울 수 있다고 믿기 때문이다.

또한 버핏은 관리자들의 실수를 비난하지 않는다. 그보다는 실수를 곱씹지 말고 과감하게 사업을 추진하도록 격려한다. 버핏은 관리자들에 대한 사랑과 존경하는 마음이 깊어 그들이 운영하는 사업을 완전히 신뢰하며, 관리자들에게 완벽한 통제권을 부여한다. 이를 통해 관리자들은 더 큰 책임감을 갖고 사업에 임하게 된다. 버핏은 기회가 있을 때마다 공개적으로 관리자들에 대한 칭찬과 자랑을 늘어놓는다. 전 세계의 유능하고 똑똑한 인재들이 버핏에게 모여드는 이유가 여기에 있다. 사랑과 존경은 더 큰 사랑과 존경을 낳는다. 타인에 대한 사랑과 존경은 성공하는 인생을 향한 첫걸음이다.

> > >
나를 움직이는 것은 결과보다는
과정에서 맛보는 일에 대한 재미와 열정이다. < < <

No.053

자기 일에 열정적인 사람들만이 자신이 속한 분야를 주름잡을 수 있는 이유는 그들이 돈이라는 결과보다 일하는 과정 자체를 즐기기 때문이다.

열정이 지닌 흥미로운 속성 가운데 하나는, 열정이 있으면 돈은 저절로 따라온다는 사실이다. 자신의 일보다 돈을 더 좋아하는 사람들은 일을 하면서도 즐겁지 않고, 대개의 경우 즐기며 일하는 사람보다 더 적은 돈을 번다. 자기 일에 열정적인 사람들에게 일은 더 이상 일이 아니다. 그들에게 일은 재미있는 놀이다.

버핏은 투자자로서 자신의 일에 열정이 있다. 그는 심지어 돈을 내고서라도 투자라는 일을 할 사람이다. 그러나 실제로는 돈을 지불하기는커녕 좋아하는 일을 하면서도 엄청난 부자가 되었으니 이보다 더 좋은 일이 있을 리 없다. 버핏만 보더라도 결과보다는 과정이, 그리고 일에 대한 열정이 더 중요하다는 것을 알 수 있다.

>>>
매 홀마다 홀인원을 한다면
골프를 오래 즐기기 어렵다.<<<

No.054

　　　　　　　　도전과 함께하는 일이라야 재미도 있고, 자부심도 높아진다. 도전과 함께하는 일이라야 창의력을 발휘할 수도 있고, 최고의 인재를 끌어 모을 수도 있다. 도전이 없는 일은 지루하며, 자부심도 느끼기 어렵다. 당연히 동기 부여가 되지 않은 사람들만 꾀게 마련이다.

　그러나 도전에는 항상 위험이 따른다. 비즈니스 세계에서는 도전에 뒤따르는 문제를 해결하기 위해 수시로 의사 결정을 내려야 한다. 그런 의사 결정에는 필연적으로 실수가 따라오게 마련이다. 의사 결정이 흥미로운 것은 이처럼 언제나 실수를 할 수 있기 때문이다. 버핏은 동기 부여가 잘 된 인재, 도전을 두려워하지 않는 인재를 끌어오기 위해서는 실수를 용인할 수 있는 업무 분위기를 조성해야 한다는 것을 깨달았다. 실수하라. 어느새 성공이 가까이에 와 있음을 알게 될 것이다.

>>> 언젠가 하고 싶은 일을 할 수 있는 때가 오면
자신이 정말 사랑하는 일을 하라.
아침에 저절로 눈이 떠질 것이다. <<<

No.055

좋아하지 않는 일을 하기 위해 매일 아침 잠자리에서 일어나 직장으로 향한다면, 더구나 별로 좋아하지도 않는 사람들과 같이 일해야 한다면, 당신을 기다리는 것은 좌절과 불만뿐이다. 원치 않는 일을 하며 쌓인 스트레스는 직장에서 집으로 고스란히 옮겨진다. 그 스트레스는 자신뿐 아니라 가족 모두가 감당해야 한다. 그러면서 자기 자신은 물론이고, 자신이 사랑하는 모든 사람들의 인생을 불행하게 만든다.

그러니 자신이 신나서 할 수 있는 일을 찾는 것이 백번 낫다. 좋아서 하는 일은 즐겁기 마련이다. 마음이 즐거우니 출근하는 발걸음이 가볍고, 얼굴에는 절로 미소가 떠오른다. 나의 즐거움은 퇴근 후 가족들에게도 전해진다.

돈을 벌지 못할까 걱정이라면, 자기 일을 사랑하는 사람이 결국 최고의 자리에 올라 큰돈을 벌게 된다는 진실을 기억하라. 글을 읽을 줄도 몰랐지만 가구 파는 일을 좋아했던 가난한 러시아 이주민(로즈 블룸킨)이 큰 가구 회사를 경영하고, 회계와 주식에 재미를 붙인 식료품점 점원의 아들(워렌 버핏)이 주식 투자로 떼돈을 벌게 된 것처럼 말이다.

  신나게 할 수 있는 일을 하라. 돈은 따라올 것이다. 일을 위해 열심히 일하면 나중에는 그 일이 당신을 위해 일해 줄 것이다. 단지 멋진 경력을 하나 보태겠다는 생각에 좋아하지도 않는 일을 선택하는 것은 어리석은 짓이다. 이는 노후를 대비하여 정열을 아끼는 것과 다름없다.

> > >
완벽한 이상형을 찾아 헤맨 친구가 있었다.
마침내 그 여자를 찾았을 때는 안타깝게도
그녀 역시 자신만의 이상형을 찾고 있었다. < < <

No. 056

　　　　　　버핏의 친구는 판매 행위가 구매 행위와 다르다는 사실을 깨닫지 못했다. 요컨대 친구가 반한 여자는 그에게 관심이 없었던 것이다.

　인생과 사업에서 우리는 자기가 가진 것을 다른 사람이 사도록 설득하지 않으면 안 된다. 버핏 역시 투자자들에게 자신의 아이디어를 '팔아야' 한다. 만약 소유하고 싶은 기업이 있다면 기업주를 설득해야 한다. 지금의 기업을 일구는 데 평생을 바친 기업주가 분신과도 같은 회사를 아무에게나 팔려고 하지 않는 것은 당연하다. 그러면 버핏은 어떻게 설득하는가? 자신을 통해 사업이 더욱 번창할 것이라는 확신을 기업주에게 심어 준다.

　사람들과의 관계는 상대에게 진실한 관심을 보이고, 그가 무엇을 필요로 하는지 알아내는 데서 시작되어야 한다. 그들의 필요를 충족시키는 데서 설득과 판매가 발생한다. 이를 잊는다면 거래 상대도 구하기 어렵고, 그를 설득시켜 판매로까지 연결시키기는 더욱 어렵다.

워렌버핏
투자노트
Chapter 6

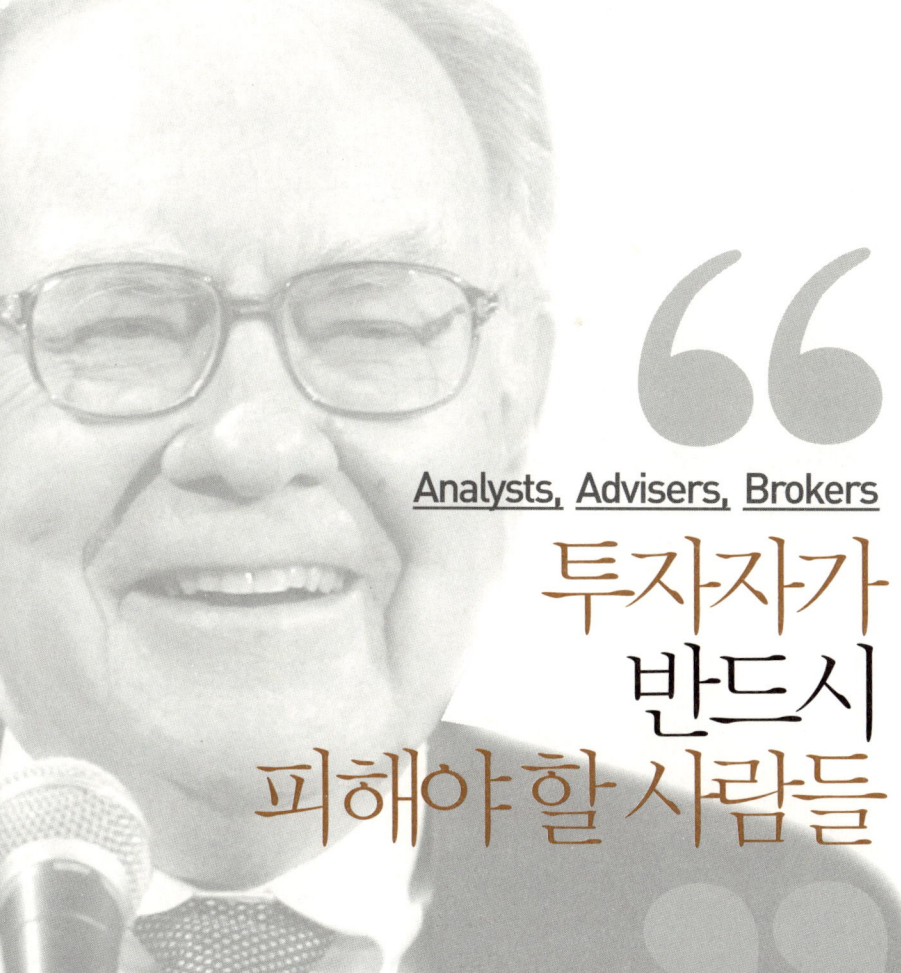

Analysts, Advisers, Brokers

투자자가
반드시
피해야 할 사람들

>>>
이발사에게 머리카락을 잘라야 하냐고 묻는 것만큼 어리석은 행동은 없다.<<<

No.057

자신에게 문제가 있는지 자문가에게 물어 보면 자문가는 열이면 열 모두 문제가 있다고 대답할 것이다. 설령 아무 문제가 없다고 하더라도 말이다. 버핏은 투자 은행가나 경영 자문가, 변호사, 자동차 수리공, 심지어 잔디 관리원도 마찬가지라는 사실을 알게 되었다. 문제를 고쳐 주는 대가로 돈을 받는 사람들은 문제가 없으면 돈을 벌 일도 없기 때문에 없는 문제라도 만들어 내는 경향이 있다.

> > >
예측은 대개 내용 자체보다 예측을 하는 사람에 대해 더 많은 것을 말해 준다. < < <

대부분의 사람들이 예측에 대해 잊고 있는 사실이 있다. 바로 예측을 하는 사람은 자신에게 돈을 주는 사람이 만족할 만한 말만 한다는 점이다. 비관적인 사실에 대가를 지불하는 사람에게는 비관적인 말을 하고, 낙관적인 예측에 대가를 지불하는 사람에게는 낙관적인 말을 한다. 예측하는 사람에게 있어 앞날을 묻는 사람이란 그저 자신에게 돈을 주는 사람, 그 이상도 이하도 아니다. 전문적인 예측가라 하더라도 미래가 훤히 내다보이는 수정 구슬을 가지고 있는 것은 아니다. 이들에게도 그저 매달 갚아야 하는 주택 융자금과 학비를 대야 하는 대학생 자녀들이 있을 뿐이다.

월스트리트는 거래가 많아지면 많아질수록 좋아한다. 고객의 투자 포트폴리오가 최대한 많이 변하도록 유도할 만한 이유를 찾는 것도 이 때문이다. 사람들은 월스트리트의 예측가들이 이자율이 오른다고 하면 보유 주식을 팔고, 이자율이 낮아진다고 하면 주식을 산다. 개별 주식 종목에 관해서도 마찬가지다. 당해 분기 수익률이 낮을 것이라고 하면 주식을 팔고, 반대로 수익률이 높을 것이라고 하면 사들인다. 이처럼 월스트리트는 투자자들로 하여금 이 종목에서 저 종목으로 최대한 자주 갈아타게 만들고, 이로부터 수익을 얻는다. 월스트리트에서 증권 분석가라고 불리는 예측가들의 주 업무는 투자자들이 투자 종목을 이리저리 바꾸도록 종용하는 일이다. 문제는 이런 행동이 반복되는 가운데 돈을 버는 것은 투자자가 아니라 월스트리트의 예측가들이라는 사실이다.

> > >
다수의 의견이 나의 판단을 대신하도록
내버려 두어서는 안 된다. < < <

No.059

　　　　　여러 사람들이 투자한 곳에 함께 투자하면 마음은 편하다. 다른 사람들도 자신과 같은 판단을 내렸다는 사실에 안도하는 것이다. 그러나 이런 방식의 투자는 사람들이 하나 둘 무리를 떠나기 시작하면 문제가 발생한다. 왜냐하면 영원히 인기 있는 종목이란 존재하지 않기 때문이다. 큰 인기를 끈 종목은 향후 지속적으로 주가가 상승할 여력이 별로 남아 있지 않다고 봐야 한다. 버핏처럼 생각이 깊은 투자자는 많은 투자자들이 주목하지 않는 종목을 찾는다. 그래야만 미래의 인기주를 낮은 가격에 매수할 수 있기 때문이다. 이는 곧 손실의 위험은 적어지고, 수익의 가능성은 높아진다는 말이다.

>>> 경영 대학에서는 복잡하고 어려운 행위일수록
더 큰 보상을 한다.
그러나 단순한 행동이 더 효과적일 때도 있다. <<<

중세 영국의 철학자이자 프란체스코 수도회 수사였던 윌리엄 오컴 William of Ockham은 "가장 단순한 설명이 가장 훌륭한 설명"이라고 했다. 이는 당시 사제들이 자신들의 성스러운 마법을 일반 평신도들이 쉽게 따라하지 못하도록 의도적으로 어렵게 만들던 행태를 비판한 것이다. 마찬가지로 투자 프로세스를 잘 이해하고 있는 투자자라면 굳이 투자 분석가나 자문가가 필요하지 않을 것이다. 또한 투자 분석가나 전문가 행세를 하는 '사제'들도 필요하지 않을 것이다.

위대한 기업을 찾아 적절한 가격에 매수한 다음 20년 이상 장기간 보유하는 전략을 익히고, 그 과정에서 수익을 올리는 것은 그리 어려운 일이 아니다. 왜냐하면 투자 분석가나 자문가 등 월스트리트의 소위 '사제'들이 설교하는 단기 투자 전략은 고객인 투자자들이 아니라 오직 자신들의 배를 채우기 위한 경우가 많기 때문이다.

> > >
인간에게는 쉬운 것을 어렵게 만드는
묘한 성향이 있는 것 같다. < < <

직종을 불문하고 소위 전문가 집단은 일반인을 상대로 일종의 음모를 꾸미고 있다고 해도 크게 틀리지 않다. 즉, 무엇이든 이해하기 어렵게 만들어야 사람들이 전문가를 찾게 되고, 자신은 전문가로서 문제를 해결해 준 대가로 높은 수수료를 받을 수 있다는 것이다. 그리고 문제가 복잡하면 복잡할수록 사람들은 그것을 해결해 줄 전문가의 도움을 더 많이 필요로 하게 된다.

월스트리트는 일반 투자자들에게 종목을 선택할 때 필요한 전문 지식과 기술을 판다. 그러므로 월스트리트의 주식 중개인들은 일반 투자자들에게 '투자 게임이란 전문가가 아니면 이해할 수 없는 어렵고 복잡한 것'이라는 인상을 심어 주는 데 골몰한다. 주식 중개인의 논리는 아주 간단하다. 자신이 받는 보수는 주식 투자자를 부자로 만들어 주는 데 대한 대가라는 것이다. 그리고 복잡하고 어려운 투자 게임을 투자자 혼자 하기는 어렵기 때문에 자신에게 자문을 구해야 한다고 한다.

그러나 주식 중개인들이 그렇게 똑똑하다면 자신이 부자가 되기 위해 굳이 다른 사람, 즉 투자자의 돈이 필요할까라는 의문을 던져 보아야 한다. 사실 투자 게임이 투자자에게 돈을 벌어 주는 것과는 아무 관련이 없기 때문에 그들이 투자자의 돈을 필요로 하는 것이 아닐까? 아니 오히려 투자자들을 이 종목 저 종목으로 끌고 다니면서 거래 수수료만 챙기려는 것은 아닐까? 우디 앨런Woody Allen의 말이 생각난다. "주식 중개인이란 투자자의 돈이 모두 사라질 때까지 여기 저기 투자하는 것을 멈추지 않는 사람이다."

> > >
증권 회사는 30년 동안
주식을 보유하라고 권할 수 없다.
그것은 힘든 자기희생을 기꺼이 감내하는
수도승이나 할 수 있는 일이다. < < <

No.062

만약 당신의 주식 중개인이 버핏의 장기 보유 전략을 사용한다면 그는 굶어 죽을지도 모른다. 버핏의 전략으로 수익을 낼 수 없기 때문이 아니다. 버핏의 장기 보유 전략은 주식 중개인 자신에게는 아무런 금전적 이익을 가져다주지 않기 때문이다.

주식 중개인의 주된 수입원은 투자자들이 매매를 할 때 발생하는 수수료다. 투자자들의 거래 횟수가 잦을수록 주식 중개인은 더 많은 돈을 번다. 그래서 중개인들은 언제나 투자자들이 특정 종목을 사도록 혹은 팔도록 구실을 마련한다.

자신이 투자자들에게 위대한 투자 아이디어를 제공한다고 생각하는 주식 중개인이 있다면, 그는 자기 망상에 빠진 것이다. 그러나 시장 상황의 변화를 구실로 불과 한 달 전에 매수한 종목을 다시 매도하라고 권하는 주식 중개인이 있다면, 그는 망상에 빠진 것이 아니라 단지 거짓말을 하고 있는 것이다.

워런버핏
투자노트
Chapter 7

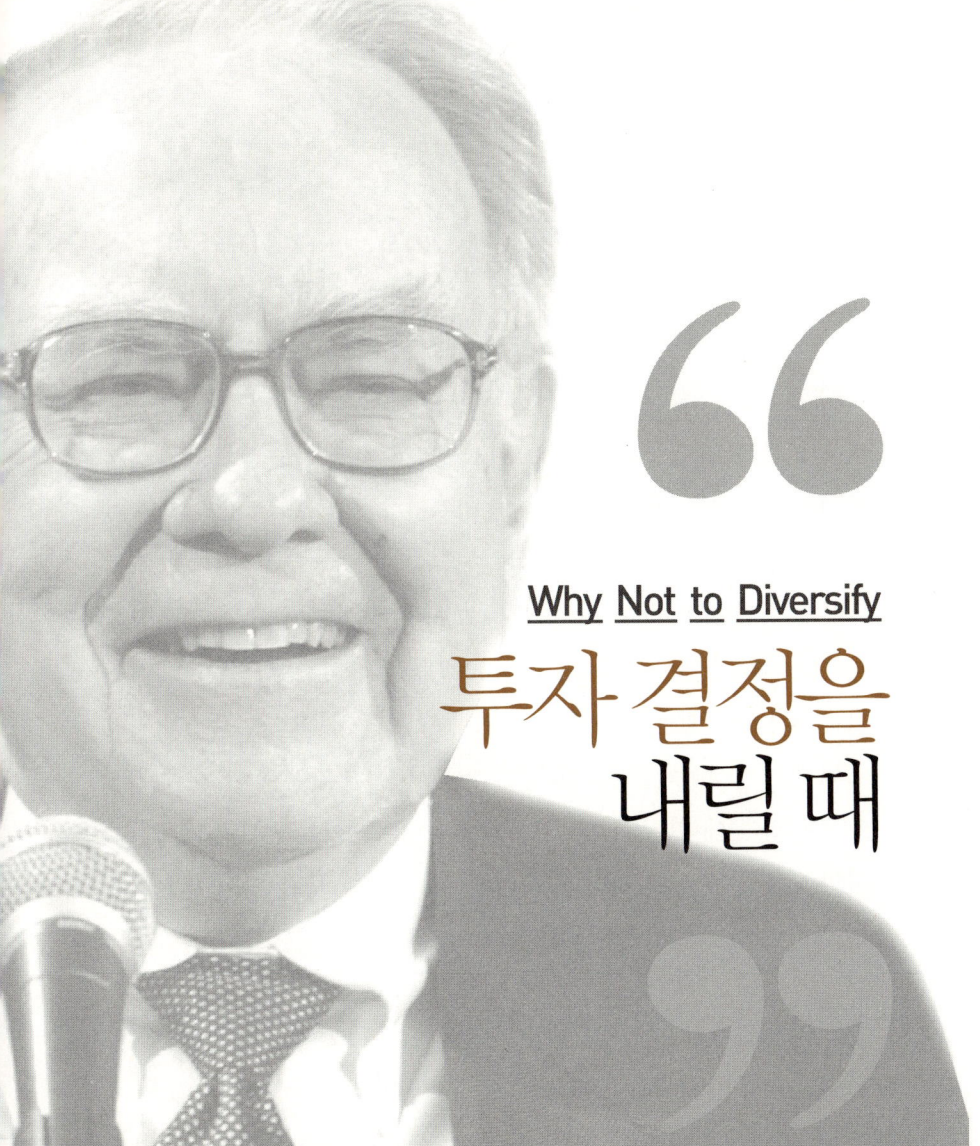

Why Not to Diversify
투자 결정을
내릴 때

>>> 나는 '미국 기관 투자가들이 선호하는 종목' 같은 것에 집착하지 않는다. 그것은 각종 동물을 한 마리씩 태웠던 노아의 방주를 떠오르게 한다. 당신의 투자를 동물원으로 만들고 싶은가? <<<

No.063

어떤 종목에 투자하려면 그 종목의 사업 경쟁력을 모두 검토해야 한다. 이를 생각하면 50개의 서로 다른 종목에 투자하는 것이 소수 종목에 집중 투자하는 것에 비해 집중도나 시간적인 면에서 효율적이지 못하다는 것을 알 수 있다. 너무 많은 종목에 투자하는 것은 동물의 종류가 너무 많아 정작 어느 동물도 제대로 관리하지 못하는 동물원의 상황과 비슷하다. 또한 너무 많은 핀을 던져 결국 모든 핀을 떨어뜨리고 마는 곡예사와도 비슷하다.

버핏은 위대한 투자 아이디어는 그리 자주 떠오르지 않는다는 사실을 알기 때문에 여러 종목에 적은 금액을 투자하기보다 소수 유망 종목에 적정한 금액을 투자한다. 실제로 그는 주식 투자로 부자가 되기 위해서는 평생 동안에 올바른 결정 몇 개만 내리면 된다고 말했다. 당신이 일 년에 한 번 이상 위대한 투자 아이디어를 얻는다고 생각한다면 당신은 망상에 빠져 있는 것이다. 위대한 투자 아이디어는 일 년에 한 번도 도출되기 어려울 만큼 드물다.

> > >
분산 투자는 자신의 무지를 감추는 수단에 불과하다. < < <

No.064

자신이 하고 있는 일을 제대로 이해하지 못하면 달걀을 모두 깨뜨릴까 두려워 이 바구니 저 바구니에 나눠 담게 된다. 투자 전문가가 광범위한 분산 투자를 권하는 것은 자신의 입으로 자기 일을 정확히 파악하지 못하고 있다고 실토하는 것과 같다. 그가 분산 투자를 하는 것은 자신의 무지로부터 투자자를 보호하려고 하기 때문이다.

버핏은 자신이 무엇을 하고 있는지 알고 있기 때문에 굳이 달걀을 나눠 담지 않는다. 그보다는 제대로 고른 달걀 몇 개에 자신의 투자를 집중한 다음 엄중히 관리하는 것을 선호한다.

> > >
월스트리트는 거래가 있어야 돈을 번다.
그러나 투자자는 움직이지 않고
가만히 있을 때 돈을 번다. < < <

No. 065

투자자들의 자산을 관리한다는 명분으로 수수료를 챙기는 곳이 바로 월스트리트다. 주식 중개인들은 투자자에게 수수료를 챙기는 방법을 수백 가지 알고 있다. 금리 변동에 관한 뉴스가 있거나 분기별 수익 보고서 내용이 입수되면, 때를 놓치지 않고 투자자에게 주식을 팔거나 혹은 사라고 권한다. 투자 분석가들의 추천 종목이라며 거래를 종용하기도 한다. 심지어 대선 결과를 들먹이기도 한다. 거래가 있으면 월스트리트는 무조건 돈을 번다. 당신이 활발히 거래하고 있는 동안 그들은 즐거운 마음으로 당신의 돈을 가져간다.

그러나 주식 시장에서 돈을 벌기 위해서는 탁월한 기업을 적정 가격 이하에 매입하여 장기간 보유해야 한다. 사내 유보 이익이 기업의 내재 가치를 증가시키도록 기다리는 것이다. 이것이 빌 게이츠^{Bill Gates}와 워렌 버핏이 억만장자가 된 비결이다. 빌 게이츠는 오직 하나의 종목만으로, 그리고 버핏은 대여섯 개 종목만으로 부자가 되었다. 이

것은 실제로 효과가 있는 투자 방법이다. 세계 1위와 2위 부자를 보면 알 수 있지 않은가. 아직도 믿을 수 없다면 지금 당장 오마하로 가서 30년 전 버크셔 해서웨이라는 단 하나의 종목에 자신의 전 재산을 쏟아 부은 사람이 누구인지 물어보라. 버크셔 해서웨이의 현재 가치는 5,000만 달러가 넘는다.

>>>
왜 자신이 정말로 신뢰하는 회사에 투자하지 않는가?
어느 여배우의 말처럼
"좋아하는 것이 많아지면 놀라운 일이 벌어진다."<<<

버핏은 소수 종목에 집중 투자하는 방식으로 유명하다. 그는 미래의 사업 경쟁력이 충분하며, 적정 가격에 거래되는 종목만 자신의 투자 포트폴리오에 편입한다. 때로는 아주 오랜 기간에 걸쳐 포지션을 형성하는 경우도 있다. 코카콜라 주식이 이에 해당된다. 버핏의 전략은 '모든 달걀을 한 바구니에 담지 말라'는 분산 투자 전략과는 반대되는 것으로, 그는 오로지 위험을 분산시키기 위한 분산 투자는 바람직하지 않다고 본다. 이런 분산 투자는 자신이 투자한 사업을 결코 제대로 파악할 수 없는 백화점식 포트폴리오를 구성할 뿐이라고 생각한다. 그보다 버핏은 어떤 바구니에 자신의 돈을 담을 것인지 오래 그리고 깊이 생각하며, 일단 바구니를 선택한 후에는 누구보다 철저하게 이를 관리한다.

자신이 무엇을 하고 있는지 잘 모를 때에만 광범위한 분산 투자가 필요하다.<<<

No.067

투자 포트폴리오의 다각화를 권하는 투자 자문가가 있는데, 이는 자신이 무엇을 하고 있는지 잘 모르기 때문에 자신의 무지로부터 투자자를 보호하려는 것이다. 자신이 하는 행동의 의미를 잘 이해하지 못한 경우에는 분산 투자 전략이 현명한 대안이 될 수 있다. 왜냐하면 분산 투자를 통해 투자 금액 전부를 잃는 위험을 조금이라도 덜 수 있기 때문이다. 또한 장기에 걸친 평균 수익률을 어느 정도 보장해 주기도 한다. 그러나 분산 투자는 승자와 패자가 서로 뺏고 빼앗기는 제로섬 게임에 근거한 방식이기 때문에 결코 당신에게 큰돈을 벌어 주지 못한다. 물론 당신을 빈털터리로 만들지도 않을 것이다.

> > >
아주 많은 실수를 저지른 것이 아니라면 옳은 선택 몇 개만으로도 충분히 성공할 수 있다. < < <

No.068

인생의 원리와 투자의 원리는 크게 다르지 않다. 옳은 선택 몇 개만으로도 충분히 인생에서 성공할 수 있다. 몇 번 잘못된 선택을 내렸다고 인생에서 실패하는 것은 아니다. 잘못된 결정을 여러 번 계속해서 내릴 때에만 실패했다고 말할 수 있다. 요컨대 실수를 전혀 하지 않는 것이 중요한 것이 아니라 큰 실수를 너무 '많이' 하지 않는 것이 더 중요하다.

투자도 마찬가지다. 올바른 투자 결정 몇 번으로 당신은 부자가 될 수 있다. 결정을 내릴 때마다 그것이 매번 옳아야 하는 것은 아니다. 투자 결정을 내릴 때마다 그것이 잘못될 가능성은 언제나 존재한다. 잘못된 선택으로 발생한 손실은 옳은 선택으로 벌어들인 수익을 통해 만회할 수 있다.

투자의 세계에 발을 들여놓고 얼마 지나지 않아 버핏은 자신이 매번 옳은 결정을 내릴 수 없다는 사실을 깨달았다. 그래서 자신이 절대적으로 신뢰하는 소수의 종목에 큰 금액을 투자하는 전략을 사용하기 시작했다. 버핏의 재산 가운데 90퍼센트는 이렇게 선별한 10개 종목으로부터 형성되었다. '하지 않는 것'이 '하는 것' 만큼 중요할 때도 있다.

워렌버핏
투자노트
Chapter 8

Discipline, Prudence, and Patience

투자자의
태도

> > >
사소한 일에서 원칙을 지키지 못하면
큰일을 할 때도 원칙을 지키기 어렵다. < < <

No.069

　　　　　버핏은, 비교적 작은 규모의 투자 결정을 내릴 때 자신이 세운 투자 원칙에서 벗어나는 투자자들이 많다는 사실을 발견했다. 그러나 원칙을 무시한 투자 행태는 결국 원칙 중심의 투자 접근법을 허물어뜨리는 결과로 이어진다. 인생에서와 마찬가지로 원칙, 규율, 자율 등은 투자에서 성공하기 위한 핵심 요소다. 버핏은 승산이 낮다고 판단될 때면 단돈 2달러짜리 내기 골프도 사양할 만큼 원칙 중심의 투자를 고집한다. 버핏의 세계에서는 사소한 일도 매우 중요하다.

> > >
글로 써 보는 것만큼 스스로 생각하게 만들고 또 자신의 사고를 바로잡는 방법도 없다. < < <

어떤 것을 글로 표현할 수 없다면 그것에 관해 제대로 생각해 보았다고 할 수 없다. 글을 쓰려면 그 글의 주제에 관해 생각하지 않을 수 없기 때문이다. 당신의 돈을 어디에 투자해야 하는지 머릿속으로 생각하는 것도 좋지만, 직접 글로 써 보는 것이 더 좋은 이유는 바로 여기에 있다.

버핏은 신년 휴가가 끝나면 곧장 자신의 스승 벤저민 그레이엄이 살았던 곳에서 가까운 라구나 해변의 별장에서 연례 보고서를 작성한다. 지난 한 해 동안 있었던 일을 소재로 주주들에게 장문의 편지를 쓰면서 거액의 투자 수익을 올리기 위한 아이디어를 가다듬는 것이다. 펜으로 종이 위에 직접 보고서를 쓴 버핏은 이를 《포춘Fortune》의 편집자 캐럴 루미스Carol Loomis에게 보낸다. 아무리 천재라도 편집자의 도움은 필요한 법이니 말이다.

> > >
다른 사람들이 덜 신중하게 행동할수록
더 신중하게 행동하라. < < <

이는 특히 주가가 하늘 높은 줄 모르고 치솟는 강세장일 때 더욱 빛을 발하는 말이다. 강세장에서 투자자들은 가격과 종목을 불문하고 매집에 나서는 신중하지 못한 태도를 보인다. 그러나 버핏은 강세장일수록 더욱 신중하게 투자 종목을 선택한다. 그렇게 함으로써 활황의 흥분에 무분별하게 휩싸이거나, 회사의 장기적인 경쟁력에 비해 터무니없이 가격이 높은 종목을 매수하는 우를 범하지 않을 수 있다.

신중함이야말로 투자 결정을 내릴 때 실수하지 않게 돕고, 그 결과 투자자를 부자로 만들어 주는 일등 공신이다. 신중하지 못한 투자 결정은 어리석은 행동으로 이어지고, 결국 투자자는 가난뱅이가 될 수밖에 없다. 자신을 가난뱅이로 만드는 행동을 통해 부자가 된 사람은 이제껏 아무도 없었다.

> > >
투수가 공을 던지기 전에
방망이를 휘두르지 말라. < < <

No.072

열렬한 야구팬인 버핏은 거물급 타자 테드 윌리엄즈 Ted Williams가 쓴 《타격의 과학 The Science of Hitting》이란 책에서 자신의 투자 전략에 대한 영감을 얻었다. 테드는 책에서 훌륭한 타자는 나쁜 공에 방망이를 휘두르지 않는다고 했다. 대신 오직 완벽하다 싶을 정도로 '좋은' 공만 선택한다는 것이다. 버핏은 테드의 말을 주식 투자에 대한 하나의 비유로 받아들였다. 즉 훌륭한 투자자가 되기 위해서는 적당한 기회가 올 때를 기다릴 줄만 알면 된다고 말이다. 덧붙여 버핏이 발견한 또 하나의 사실은, 스트라이크를 칠 기회가 오직 세 번밖에 없었던 야구 선수 테드 윌리엄즈와 달리 자신은 투자라는 '타석'에서 최적의 투자 기회가 나타나기를 언제까지나 기다릴 수 있다는 점이었다.

이처럼 끈기 있게 기다릴 줄 아는 버핏은 미래의 사업 실적을 가늠하기 어려운 회사는 절대 매입하지 않는다. 버핏은 처음부터 좋은 회사에 편승하여 덕을 보려는 투자자와는 거리가 멀다. 그는 경영진의 되돌릴 수 있는 실수나 업종 불황, 약세장 등의 일시적인 이유로 현재의 주가가 낮게 형성되어 있더라도 미래 실적을 예측할 수 있는 기업을 더 선호한다.

지금 수익을 올리고 있더라도 과거에 실적이 전혀 없는 회사를 멀리하는 것도 같은 이유 때문이다. 이런 회사는 공이 아직 투수의 손을 떠나지 않은 것과 같다. 과거에 단 한 푼의 수익도 올린 적이 없는 회사를 사들이는 것은 그 회사가 앞으로 돈을 벌 것이라는 막연한 바람을 사는 것과 다름없다. 결국 있지도 않을 미래의 수익 흐름$^{income\ stream}$을 위해 투자하는 것이다. 존재하지 않을 미래의 수익 흐름은 그 가치를 측정할 수 없다. 만약 당신의 투자 전략이 회사의 막연한 미래 수익에 근거하고 있다면 당신은 미래의 불확실성에 필연적으로 뒤따르는 난관을 자초하고 있는 것이다.

> > >
개인의 가장 중요한 자산은 바로 자기 자신이다.
그러므로 스스로를 관리하고 향상시키기 위해
부단히 노력해야 한다. < < <

No.073

　　　　　버핏은 사람의 몸과 마음이야말로 최고의 자산이라고 생각한다. 평생 오직 한 대의 자동차만 탈 수 있다고 가정해 보자. 아마 오일도 자주 바꾸고 운전도 더 조심하며 애지중지할 것이다. 그렇다면 오직 하나밖에 없는 몸과 마음은 어떻게 해야 하겠는가? 당연히 정성으로 관리하고 유지해야 할 것이다.

　당신은 직접적 혹은 간접적인 방법으로 사람들에게 자신의 서비스를 팔고 있다. 돈을 벌 수 있는 능력을 보유한 경제적 실체가 바로 당신 자신인 것이다. 만약 당신이 큰 수익을 낼 가능성이 있는 기업을 소유하고 있다면 잘 관리하고 성장시켜 세계에서 가장 위대한 기업으로 만들려고 할 것이다. 기업이 아닌 당신의 몸과 마음에 대해서도 똑같은 말을 할 수 있다. 즉, 몸과 마음 역시 일종의 비즈니스이자 자산인 것이다. 이를 잘 관리하여 자신의 무한한 잠재력을 극대화할 것인가, 아니면 자산을 낭비하여 잠재력을 질식시키고 말 것인가는 당신에게 달려 있다.

> > >
나 역시 고급 양복을 구입한다.
그러나 미래 가치를 생각했을 때
그다지 수지맞는 구매라고는 할 수 없다. < < <

No.074

　　　　　　버핏은 매우 검소하다. 과거에도 그랬고, 앞으로도 그럴 것이다. 버핏이 검소한 이유는 돈의 미래 가치를 확신하기 때문이다.

　버핏은 자산 관리사로 일하던 초기부터 백만장자가 된 후에도 구형 폭스바겐 비틀을 타고 다니는 것으로 유명하다. 폭스바겐의 최초 구입가였던 2만 5,000달러를 연리 20퍼센트의 복리로 계산하면 20년 후에는 95만 8,439달러가 된다. 자동차 한 대에 100만 달러라니, 터무니없이 비싼 가격이다. 값비싼 양복도 60세가 넘어서야 사 입을 정도였다. 그러나 값비싼 양복에 지출한 돈은 복리로 계산했을 때 미래 가치가 너무 커서 밤에 잠을 잘 이루지 못했다고 한다.

>>>
배우자를 고르는 것처럼 매수할 기업을 고르라.
즉, 적극적인 관심과 특정 상대를 배제하지 않는
열린 마음을 가져야 한다.
그러나 절대 서둘러서는 안 된다.<<<

No.075

절대로 존재하지 않을 것을 구하는 것과 과거에 가끔 존재했던 것을 구하는 것은 매우 다르다. 버핏은 후자를 찾는다. 즉, 적절한 때가 되면 종종 나타날 것임이 확실한 그런 투자 상황을 찾는 것이다. 그렇다면 그 적절한 때란 언제인가? 바로 일반적인 약세장이나 업종 불황, 기업의 기초 체력에 영향을 주지 않는 일회성 사건, 광적인 투매 현상 등이 이에 해당한다. 초우량 기업의 주식이 엄청나게 싼 가격에 거래되는 때가 바로 투자할 타이밍이다. 버핏은 그저 인내심을 갖고 이런 상황이 나타나기를 느긋이 기다릴 뿐이다. 물론 이런 상황이 매일, 매달 일어나는 것은 아니다. 심지어 수년 동안 전혀 일어나지 않을 때도 있다. 그러나 이런 투자 상황은 적어도 버핏을 세계 2위의 부자로 만들어 주기에 충분할 정도로는 주기적으로 발생했다.

워렌버핏
투자노트
Chapter 9

Beware the Folly of Greed

일류 투자자의 기질

> > >
적절한 지적 능력에 적절한 기질이 더해져야 올바른 행동을 할 수 있다. < < <

　　　　버핏은 다른 투자자들이 움츠릴 때 과감하게 나아가고, 다른 투자자들이 무모하게 덤벼들 때 신중할 수 있는 자세야말로 일류 투자자의 기질이라고 생각한다. 이런 기질에, 장기적으로 뛰어난 경쟁력을 지닌 기업에 초점을 맞추는 투자 철학이 더해짐으로써 버핏은 세계적인 투자자로 이름을 날릴 수 있었다.

　다른 투자자들이 머뭇머뭇할 때 위대한 기업을 매입하라. 그러나 다른 투자자들이 모두 욕심을 내고 있다면 아무리 위대한 기업이라도 신중하라. 이런 기질을 갖춘 투자자라면 언제 어느 곳을 겨냥하여 방아쇠를 당겨야 할지 스스로 알 것이다. 즉, 다른 모든 투자자들이 겁을 먹고 주식을 헐값에 처분할 때 방아쇠를 당기고, 다른 투자자들이 너나없이 달려들어 주가가 턱없이 치솟을 때 총알을 아껴야 한다는 것을 안다.

　버핏은 지금까지 과도한 주가 상승을 이유로 주식 매수를 완전히 멈춘 적이 두 번 있었다. 첫 번째는 1960년대 후반의 강세장이었고,

두 번째는 1990년대 후반의 강세장이었다. 두 경우 모두 버핏은 계획적으로 한발 물러났고, 그 덕분에 주식 시장 붕괴로 인한 손실을 피할 수 있었다. 게다가 이를 통해 상당량의 현금을 확보, 시장 붕괴의 철퇴를 맞아 헐값이 된 종목들을 손쉽게 사들일 수 있었다.

>>>
투자자들이 탐욕, 두려움, 어리석음에 휘둘린다는 것은 변치 않는 사실이다. 다만 그런 현상이 언제, 어떻게 일어날지는 예측할 수 없다.<<<

No. 077

버핏은 이따금 투자자들이 특정 종목에 과도하게 몰려들어 주가를 높인다는 사실을 잘 알고 있다. 또 어떤 때는 특정 종목을 과도하게 기피하여 주가를 터무니없이 낮춘다는 사실도 알고 있다. 그러나 언제 그러한 일이 일어날지는 버핏으로서도 알 수 없다(그러나 그런 일이 일어난다는 사실만은 변함이 없다). 일단 이런 일이 발생하면 버핏은 투자자들의 두려움과 어리석음에서 비롯된 저평가 종목을 놓치지 않고 이용한다. 탐욕을 조심하라. 그리고 투자자들의 두려움과 어리석음이 투자 기회를 만들도록 내버려 두라. 이것이 바로 현명한 투자자의 방식이다.

버핏의 이런 전략을 가장 잘 보여 주는 예가 1990년의 은행 업종 불황을 이용해 웰스 파고 주식을 사들인 일이다. 당시 투자자들은 불량 부동산 대출 때문에 많은 은행들이 지급 불능 상태에 빠질까 두려워했다. 당연히 은행주에 관심을 두는 투자자는 아무도 없었다. 그러나 버핏은 웰스 파고의 뛰어난 경영진이라면 일시적인 자금난을 충분히 극복할 수 있다고 판단했고, 그 결과 웰스 파고에 무려 2억 8,900만 달러를 쏟아 부었다. 그리고 8년 만에 웰스 파고의 주가는 두 배 이상 뛰었다.

>>>
주식은 당신이 자신을 가졌다는 사실을 알지 못한다.<<<

No.078

사람들은 가끔 인형이나 자동차, 주식 따위의 무생물을 마치 살아 있는 생명체처럼 생각하는 경향이 있다. 그런데 주식을 살아 있는 생명체로 생각할 경우, 자신의 감정에 휘둘려 이성적으로 판단하지 못할 위험이 크다. 감정에 휘둘리는 투자는 매우 위험하다. 매도 시점이 되어도 그 주식을 너무나 '사랑'한 나머지 매도를 망설이는 일이 있어서는 안 된다. 주가가 하락한다고 해서 주식을 '원망'하는 것은 쓸데없는 짓이다. 주식은 당신이 자신을 소유했다는 것을 알지 못한다. 주식은 당신이 자신을 좋아하거나 미워한다는 것을 알지 못한다. 마찬가지로 당신도 주식을 '사랑'하거나 '원망'할 필요가 없다.

> > >
무지와 차입 자금이 만나면 종종
아주 흥미로운 결과가 발생한다. < < <

No.079

무지한 사람은 자신이 어리석은 짓을 하고 있다는 사실을 알지 못한다. 무지한 데다가 다른 사람에게 돈까지 빌리는 것은 어리석은 짓을 계속하도록 부추기는 행위다. 그것이 한계에 달하면 투자자는 돈을 잃는다. 은행에서 빌린 그 돈을 말이다. 그러나 은행은 투자자가 돈을 빌렸다는 사실을 결코 잊지 않는다.

우리 시대에서 빌린 돈으로 가장 어리석은 일을 저지른 것은 바로 롱텀 캐피털Long-Term Capital이라는 투자 회사가 아닐까. 듣도 보도 못한 이 신규 투자 회사는 투자자들로부터 1,000억 달러를 긁어모아 파생상품에 투자했다. 그리고 그 결과는 정말 어처구니가 없었다. 투자자들의 돈을 몽땅 날렸을 뿐 아니라 온 나라의 금융 시스템을 위태롭게 만든 것이다.

빌린 돈을 운용하면 잘못된 방향으로 나아갈 수 있으며, 그것이 종종 현실로 나타나기도 한다. 일단 잘못된 방향으로 나아가면 결과는 상상 이상으로 참담할 수 있다.

>>> 성서에 등장하는 일곱 가지 죄악 가운데
가장 어리석은 죄악이 시기심이다.
질투와 시기심은 언제나 자신을
실제보다 더 못난 것처럼 여기게 만든다.<<<

No.080

　　　　　　　욕심을 주인으로 섬기는 대신 하인으로 부릴 수 있다면, 욕심은 투자를 할 때 멋진 동기 부여가 된다. 욕심이 지나치면 행복할 수 없지만, 욕심이 전혀 없어도 부자가 될 수 없기 때문이다. 지나친 욕심은 타인에 대한 질투로 이어지는데, 일단 질투에 사로잡히면 아무리 많이 가져도 부족하다는 느낌을 지우기 어렵다. 투자의 본질은 이렇게 타인의 주머니를 바라보며 시기와 질투심에 사로잡히는 것이 아니다. 투자는 돈을 벌기 위한 자기만의 열정이 더 중요한 게임이다. 세상에서 가장 행복한 부자는 자신이 하고 싶은 일을 통해 돈을 버는 동시에 다른 이들의 부에는 큰 관심이 없는 사람이다. 부자가 된다는 것이 타인에 대한 시기심으로 괴로워하는 것이라면 무슨 재미가 있을까?

　버핏은 코카콜라와 햄버거, 두툼한 스테이크와 프렌치프라이에 기뻐했다. 건강에 그다지 좋지 않은 버핏의 식단을 두려워하는 사람은 버핏 자신이 아니라 그의 투자 지혜를 빌어 돈을 벌려는 버크셔 해서웨이의 주주들이다. 버핏은 건강에 좋은 식단으로 오래 사는 것보다 평소 자신이 좋아하는 음식을 먹는 데서 느끼는 행복감이 더 크다고 생각한다. 작가 마크 트웨인Mark Twain 역시 술과 담배에 관해 버핏과 같은 생각이었다.

> > >
다른 사람들이 욕심을 부릴 때 신중하라.
다른 사람들이 두려워할 때 욕심 부리라. < < <

주가가 고공 행진을 계속하고 있다면 그 주식과는 작별을 고해야 한다. 반대로 주가가 떨어지기 시작하면 곧장 주식 중개인에게 전화를 걸라. 투자자들은 강세장에서 과욕을 부려 주가를 계속 치솟게 하는 경향이 있다. 주가가 오르면 더 많은 투자자들이 주식 시장으로 몰려든다. 그러나 버핏은 이런 상황을 오히려 더욱 경계하여 시장에서 한발 물러난다.

대부분의 투자자들이 두려워하는 상황은 매수하려는 투자자가 없는 약세장이다. 이들은 약세장에서 기업의 내재 가치에 근거한 장기 경쟁력을 전혀 고려하지 않은 채 보유 주식을 매도한다. 이때가 바로 버핏이 욕심을 부리는 때다. 쏟아지는 우량 종목 중 자신이 오래전부터 사고 싶었던 종목을 모조리 사들이는 것이다.

다른 투자자들이 욕심을 부릴 때는 조심할 줄 알고, 다른 투자자들이 두려워할 때는 과감히 욕심 부릴 줄 아는 것이 버핏의 장점이다.

워렌버핏
투자노트
Chapter 10

When to Sell, When to Leave

팔아야 할 때, 떠나야 할 때

> > >
자신이 구멍에 빠진 것을 알았을 때는
더 이상 땅을 파지 않는 것이 가장 중요하다. < < <

　　　　　잘못된 투자 결정이라는 사실을 알면서도 발을 빼지 못하고 계속 투자하는 것만큼 어리석은 일도 없다. 물론 당장 손을 떼는 것이 쉽지는 않겠지만, 완전히 빈털터리가 되기 전에 하루라도 빨리 정리하는 것이 현명하다. 1980년대 초, 알루미늄 사업에 거액을 투자한 버핏은 자신의 실수를 깨달은 순간 곧바로 손을 털고 나왔다.

　자신의 잘못을 인정할 줄 아는 용기를 가지라. 투자자에게는 운명의 여신이 파산 선고를 내리기 전에 자신의 잘못을 인정할 줄 아는 용기가 필요하다.

> > >
일단 우량 종목을 제대로 골랐다면
더 이상 다른 종목에 기웃대지 말라. < < <

No.083

버핏은 언제나 위대한 기업을 찾아 매수한다. 그리고 일단 사들인 주식은 장기 보유하면서 해당 기업의 수익 상승에 따라 주가가 오르는 것을 인내심을 갖고 지켜본다.

우량 종목에 충분한 금액을 투자한 다음에는, 약간의 이익을 위해 서둘러 팔고 다른 종목을 찾기보다, 처음의 결정을 믿고 기다리는 편이 낫다. 이것이 위대한 기업을 알아보는 안목과 적절한 매수 시점의 포착이 중요한 이유다.

만약 훌륭한 장기 경쟁력을 갖추지 못한 기업에 투자했다면 버나드 바루크(당대의 워렌 버핏이라고 불릴 정도로 유명했다)의 조언을 따르라. 사람들이 어마어마한 돈을 번 비결에 대해 묻자 바루크는 장난기 섞인 미소를 떠올리며 이렇게 말했다. "나는 언제나 남들보다 너무 빨리 팔았다."

> > >
다른 투자자들이 주식을 내다 팔 때
나는 사들인다. < < <

버핏은 다른 투자자들이 주식을 살 때가 아닌 팔 때가 바로 매수의 적기라고 생각한다. 버핏이 매수했던 우량 종목들은 모두 좋지 않은 뉴스가 들려올 때 사들인 것이다. 상황이 매우 절망적일 때 사들이는 것이 버핏의 특기다.

버핏이 이렇게 할 수 있었던 것은 사업의 세계를 철저히 연구하여, 어떤 기업이 그들을 절망의 나락으로 몰았던 역경을 이겨낼 수 있을 것인지, 또 어떤 기업이 결국 사라지고 말 것인지 알 수 있었기 때문이다. 그가 약세장에서 우량 종목을 골라낸 사례로 디즈니(1966년), 워싱턴 포스트 컴퍼니(1973년), 제너럴 푸드(1981년), 코카콜라(1987년), 웰스 파고(1990년) 등을 들 수 있다.

>>>
대부분의 투자자들은 다른 투자자들이 관심을 보일 때 따라서 관심을 보인다. 그러나 정작 관심을 가져야 할 때는 아무도 관심을 두지 않을 때다. 한창 인기 있을 때 사들이면 큰돈을 벌기 어렵다.<<<

No.085

현명한 투자자는 인기 있는 종목과 그에 따른 집단 광기를 경계한다. 사람들이 인기 있는 종목에만 달려들어 주가를 터무니없이 치솟게 한다는 사실을 알기 때문이다. 어떤 기업의 주식을 사고 싶다면 인기가 떨어졌을 때를 노리라. 그때가 가장 유리한 가격에 매수할 수 있고, 또 향후 주가 상승의 폭도 가장 크다.

버핏이 약세장을 선호하는 이유도 바로 여기에 있다. 그는 사업 실적이 좋은 우량 기업을 주시하다가 적절한 가격이 형성되면 지체하지 않고 매수한다. 실제로 버크셔 해서웨이의 포트폴리오는 폭락장이나 해당 기업의 인기가 떨어졌을 때 매수한 종목들이 대부분을 차지한다. 워싱턴 포스트 컴퍼니, 코카콜라, 디즈니, 아메리칸 익스프레스, 제너럴 푸드, 웰스 파고, 인터퍼블릭 그룹, 가이코 등이 모두 약세장에서 혹은 다른 투자자들이 관심을 두지 않던 비인기 시절에 사들인 것이다.

> > >
변화에 좌우되거나 변화에 목숨을 걸어야 하는
기업에는 관심이 없다.
결혼 생활과 마찬가지로 투자 역시 변화보다는
지속성이 더 중요하다.< < <

No.086

버핏은 대부분의 경우, 한 기업의 경제적인 기초 체력은 경영자가 누구든 관계없이 일정하게 유지된다는 사실을 발견했다. 좋은 기업은 누가 경영자이든 상관없이 꾸준히 좋은 실적을 내고, 그렇지 못한 기업은 유능한 경영자가 있어도 좋은 실적을 내지 못한다. 지난 100여 년 동안 코카콜라의 경영자는 수십 번 바뀌었다. 개중에는 유능한 이도 있었고 그렇지 못한 이도 있었지만, 코카콜라는 여전히 우량 기업으로 남아 있다. 워싱턴 포스트 컴퍼니는 발행인이자 소유주인 캐서린 그레이엄 Katharine Graham을 잃었지만, 여전히 잘 나가는 기업으로 남아 있다. 하지만 자동차 제조업체나 항공사 등은 훌륭한 경영자를 맞이했음에도 불구하고 지난 수십 년 동안 계속해서 문제가 많은 기업으로 남아 있다. 투자를 할 때는 경영의 천재가 운영하는 불량 기업보다 평범한 경영자가 운영하는 우량 기업을 선택하라.

> > >
리스크는 자신이 하는 일을
제대로 이해하지 못하는 데서 발생한다. < < <

No.087

비인기 종목에 투자할 때 그 기업의 장기적인 경쟁력을 확인할 수 없다면 투자 위험이 높아질 수밖에 없다. 지속적 경쟁 우위가 확실하지 않은 기업에 투자하면 턱없이 높은 가격에 매수하고도 그 사실을 알아차리지 못하는 위험에 빠질 수 있다. 투자 리스크를 줄이는 유일한 길은 자신이 투자하는 기업에 관해 더 잘 아는 것이다. 버핏은 이렇게 말했다.

"나는 기업을 매수하는 이유에 대해 종이 한 장을 가득 채우기 전까지는 절대로 매수하지 않는다. 오늘 코카콜라에 320억 달러를 투자한다고 하자. 그것은 잘못된 결정일 수도 있다. 그러나 나는 그만큼의 돈을 주고 코카콜라에 투자하는 나만의 이유를 가지고 있다. 어떤 기업에 투자하고자 하는 자신만의 이유를 말할 수 없다면 그 기업의 주식은 사면 안 된다. 매수 이유에 대한 자기만의 답변이 가능하다면, 그리고 그것을 수차례 시도한다면 당신은 큰돈을 벌 수 있을 것이다."

질문은 투자자로 하여금 생각하게 만들고, 질문에 대한 자기만의 답은 생각을 행동으로 옮기게 만든다. 여기서 중요한 것은 올바른 투자 종목을 찾는 것이라기보다 올바른 질문에 대한 올바른 답을 갖고 있느냐 하는 것이다.

>>> 신규 상장된 주식이나 채권을 살 수 있는 날은 일주일 중 'y'가 들어가지 않은 요일*뿐이다. <<<

No.088

이는 버핏이 투자 은행을 통해 신규 상장되는 주식이나 채권에 대해 한 말이다. 신규 상장 시 투자 은행은 발행 주식과 채권 가격을 이미 최고 한도로 설정해 놓았기 때문에 일반 투자자로서는 할인된 가격에 매수할 여지가 전혀 없다. 이러한 이유 때문에 버핏은 주식 시장에 발을 들여놓은 이후로 신규 상장된 주식과 채권에는 전혀 관심을 갖지 않았다. 대신 버핏은 주식이나 채권이 일정 기간 거래된 다음 주식 시장의 근시안적 비관론 때문에 이들 유가 증권의 가격이 본래 가치 이하로 떨어질 때를 기다린다. 원리는 간단하다. 투자 은행은 투자자에게 할인 가격을 허용하지 않지만, 주식 시장은 투자자에게 할인 가격을 제시할 수 있다.

---

* 알파벳 'y'가 들어가지 않은 요일은 없다. 즉, 기업을 최초로 공개할 때에는 절대로 주식을 사지 말아야 한다는 뜻이다.-역주

> > >
경영자가 갖춰야 할 가장 중요한 덕목은 정직이다.
사람들을 잘못 이끄는 CEO는 자신 역시
잘못된 방향으로 이끌고 말 것이다. < < <

No.089

자신의 실수를 솔직하게 인정하는 CEO는 실수를 통해 더 많은 것을 배울 수 있다. 자신의 잘못임에도 다른 사람과 사건을 탓하는 CEO는 향후 다른 중요한 사안에 있어서도 자신에게 거짓말을 할 가능성이 크다. 그는 결국 주주들에게도 진실을 감추고 거짓말까지 할 수 있다.

특히 회계 부문에서 이 말은 틀림이 없다. 작은 실수를 감추기 위해 숫자 몇 개를 바꾸다가 나중에는 장부 전체를 조작하는 것으로 확대될 수 있다. 버핏의 말처럼 "항상 목표 달성을 외치는 경영자는 언젠가 숫자를 조작하고 싶은 유혹에 빠지기 쉽다." 회계 부정이 발생하면 관련 경영자는 감옥에 가면 되지만, 문제는 여기서 끝나지 않는다. 주주들의 투자금과 직원의 연금 기금을 몽땅 털어먹을 때까지 조작 사실이 드러나지 않는 것이 더 큰 문제다.

>>>
할 가치가 전혀 없는 일은
잘할 가치 역시 전혀 없다.<<<

No.090

처음부터 경제적 가치가 낮았던 사업이나 기업에 매달려 시간을 낭비하는 투자자들이 꽤 많다. 본질적인 가치가 낮은 기업은 결국 앞으로 돈을 벌 가망성도 희박하다. 그렇다면 왜 자신에게 전혀 이롭지 않은 기업에 아까운 시간과 열정을 낭비하는가? 기본적인 경제 가치가 낮고, 따라서 돈을 많이 벌게 해 주지 못하는 기업에 왜 계속 매달리는가? 이것은 망망대해에서 방향타 없이 이리저리 떠밀리는 배에 타고 있는 것과 같다. 이런 경우에는 가망 없는 배의 선장이 되겠다는 한심한 꿈을 접고, 지체 없이 다른 배로 갈아타야 한다.

버크셔 해서웨이의 섬유 사업을 통해 버핏 역시 이를 깨달았다. 그동안 사업이 얼마나 잘 됐는지, 얼마나 많이 혁신을 이루어 왔는지, 얼마나 많은 자금이 투여됐는지 등과 상관없이 결과는 언제나 동일했다. 즉, 경쟁 업체들이 값싼 해외 노동력을 무기로 언제나 더 싸게 생산할 수 있었던 것이다. 버크셔 해서웨이의 섬유 사업은 이제 전혀 수행할 가치가 없는 사업이 되었고, 버핏은 이처럼 매달릴 가치가 없는 사업이라면 고통스럽지만 폐쇄 결정을 내릴 수밖에 없다고 판단했다.

>>>
기업 실적이 좋고 나쁜 것은 얼마나 노를
잘 젓느냐의 문제라기보다 얼마나 좋은 배를
선택했느냐의 문제다. 물이 샌다는 사실을
알았다면 배를 갈아타는 것이 훨씬 생산적이다. <<<

No.091

　　　　　　세상에서 가장 뛰어난 기수라 해도 절름발이 말을 타고는 경마에서 우승할 수 없다. 반면 아무리 실력이 부족한 기수라도 최고의 명마를 탄다면 우승할 가능성이 있다.

　학교를 졸업하고 취업 전선에 뛰어들기로 했다면, 경제 기반이 확고한 기업을 선택하라. 이런 기업들은 기업이 지닌 강력한 경쟁력 덕분에 직원들의 어깨를 으쓱하게 만들고, 두둑한 월급도 보장해 준다. 이미 이런 직장에서 일하고 있다면, 이직을 고려할 때 신중에 신중을 거듭해야 한다. 당신이 이직을 생각하고 있는 기업이 겉으로는 멀쩡해 보이지만, 실상은 버핏이 경고했던 구멍 뚫린 배일 수도 있기 때문이다. 그런 배를 타고는 아무리 열심히 노를 저어도 원하는 곳에 갈 수 없다.

워렌버핏
투자노트
Chapter 11

>>>>>>>>>>>>>>>>>>>>>>>>>>>>>>>>>>>>>>

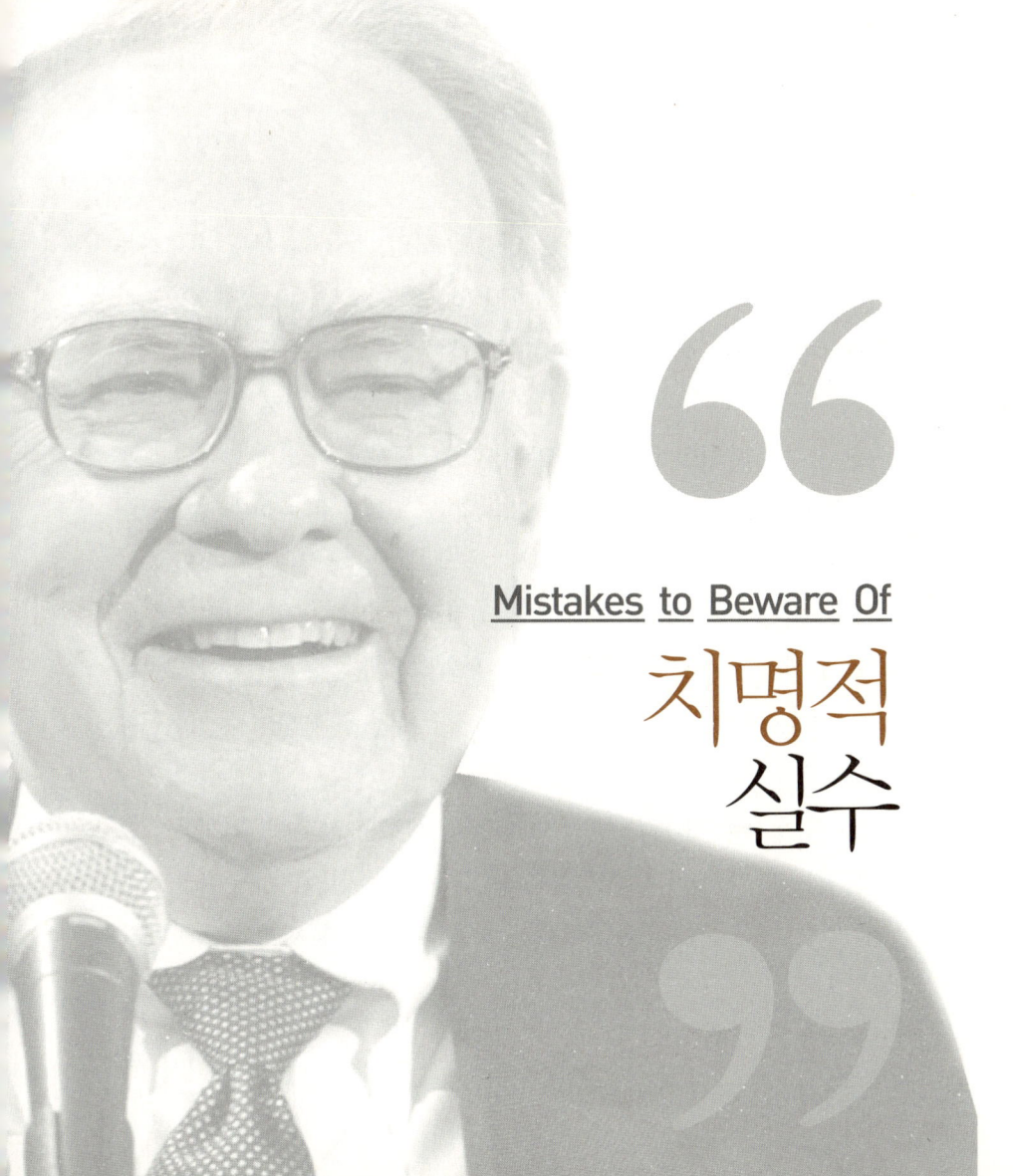

Mistakes to Beware Of

치명적
실수

>>>
나는 과거를 돌아보지 않는다.
과거에 매달린다고 달라지는 것은 아무것도 없다.
우리는 과거가 아닌
미래를 향해 나아갈 수 있을 뿐이다.<<<

버핏은 인생과 사업, 투자 등에서 후회라는 것이 언제나 별 소용이 없음을 깨달았다. 투자를 하다 보면 후회스러운 상황이 항상 생기게 마련이다. 대박이 날 초우량주를 놓치는 일도 있는가 하면, 보유하지 못한 주식의 가격이 천정부지로 치솟는 일도 있다. 가지고 있던 주식을 팔았는데 그날부터 주가가 계속해서 오른다면 실수를 자책하며 몇 달을 고민할 수 있다. 아직 팔지 않고 있던 주가가 곤두박질치는 경우, 자책에서 헤어나는 데 몇 년이 걸릴 수도 있다. 이는 모든 사업적인 결정을 내릴 때도 마찬가지다. 백 가지 결정 가운데 열 가지 잘못된 결정을 내린 경우, 당신은 열 가지 실수에 집착하는 바람에 새롭게 내려야 할 결정에 충분한 주의를 기울이지 못한다.

　주식 투자를 할 때는 매일 매 순간이 새로운 기회다. 필요한 교훈을 얻는 것 외에는 지나간 실수에 집착해서는 안 된다. 당신이 해야 할 일은 어제의 실수를 통해 배운 교훈을 오늘의 문제에 적용해 보는 것이다. 앞으로도 주식 투자라는 게임을 할 때 당신은 해야 할 일을 빠트리는 실수를 무수히 하게 될 것이다. 그러나 이런 유형의 실수는 그렇게 치명적이지 않다. 치명적인 실수란 하지 말아야 할 행동을 하는 것을 의미하는 말이다.

>>>
나는 내 실수에 대해 설명하고 싶다.
이 말은 내가 실수를 완벽하게
이해했다는 의미다.<<<

자신이 하고 있는 일의 의미를 제대로 이해하지 못한다면 왜 그 일을 하려고 하는가? 직관을 따르는 것은 올바른 투자법이 아니다. 올바른 기질과 적절하게 조화를 이룬 이성적인 접근이야말로 올바른 투자법임을 기억해야 한다. 당신이 투자를 하지 않는다면 무지가 축복일 수 있다. 그러나 그런 경우에라도 무지는 종종 악몽으로 이어지고 만다.

자신의 잘못된 결정을 설명하기 위해서는 자신이 내렸던 올바른 결정에 대해서, 그리고 처음부터 왜 그런 결정을 내리지 못했는지에 대해서 알아야 한다. 좋은 사업과 그렇지 못한 사업을 구별할 수 있어야 하고, 기업의 가격이 과도하게 책정됐는지 아니면 과소 책정됐는지 파악할 수 있어야 한다. 이런 작업을 스스로 할 수 없다면 전문가에게 위임해야 한다. 어떤 방식으로든 이런 작업을 생략하는 것은 행운의 여신이 자신에게 미소를 지어 주기 바라면서 주사위를 굴리는 것이나 다름없다.

> > >
실수를 하지 않고는
어떠한 결정도 내릴 수 없다. < < <

No.094

어떤 사람은 결정을 잘 내리고, 또 어떤 사람은 그렇지 못하다. 전자는 사람들을 이끄는 사람이 되고, 후자는 리더가 이끄는 대로 따라가는 사람이 된다. 그러나 전자 역시 항상 결정을 내리다 보면 간혹 잘못된 결정을 내리게 마련이다. 하루에도 수십 건에 달하는 의사 결정을 내리는 경우, 실수가 없을 수 없다. 물론 너무 잦은 실수는 지도자의 자리를 위태롭게 만들고, 아랫사람들로 하여금 다른 리더를 물색하게 만들 수도 있다. 그러나 주주들에게 큰 수익을 안겨 주는 CEO라면 어느 정도의 실수는 허용된다.

의사 결정을 할 때 중요한 것은 현재의 실수에 발목 잡히지 않고 다음번 의사 결정으로 무리 없이 넘어갈 수 있느냐 하는 점이다. 결정을 내리지 못하고 미적대는 것은 아무런 결정을 내리지 않기로 결정한 것과 다름없다. 이런 일이 반복되다 보면 미결 사항이 산처럼 쌓이고, 아무 일도 진행되지 않는다. 당연히 회사는 더 이상 수익을 내지 못한다.

버핏은 현재의 잘못된 결정에 집착하지 않고 재빨리 다음 결정 사항으로 넘어가는 것이 중요하다고 생각한다. 크레이 슈퍼컴퓨터 Cray Supercomputer를 설계한 세계적인 컴퓨터 설계자 세이모어 크레이 Seymour Cray는 다른 엔지니어와 다른 점이 무엇이냐는 질문에 대해 자신의 실수를, 실험에서 빠지지 않는 당연한 일부로 인정하고 받아들인 점이라고 대답했다. 다른 엔지니어들은 세 번 정도 시도해 보고 안 되면 포기했지만, 세이모어 크레이는 될 때까지 백번이라도 시도하고 또 시도했다. 성공으로 가는 길 위에는 엄청난 양의 실수가 놓여 있다. 그 길 위에 놓인 실수들을 피하려고만 한다면 결코 목적지에 도달할 수 없을 것이다.

워렌버핏
투자노트
Chapter 12

Your Circle of Competence
투자 대상
범위

> > >
합리적 이성을 바탕으로 투자 결정을 내려야 한다.
잘 모른다면 투자하지 말라. < < <

No.095

　　　　　　　　버핏의 투자 원칙 가운데 빠뜨릴 수 없는 것이 자신이 잘 아는 종목에만 투자한다는 원칙이다. 아마도 이것이 그가 성공을 이룬 가장 중요한 열쇠일 것이다. 버핏은 모르는 부분이 조금이라도 있으면 투자하지 않는다. 그래서 변화의 속도가 빠르고, 따라서 미래를 예측하기 어려운 사업과는 거리를 둔다. 대신에 자신이 잘 알고 있는 분야이며 적정한 가격에 거래되는 확실한 종목을 선호한다. 운은 하늘에 맡기고 주사위나 던지는 투기꾼과는 다른 전략을 구사한 것이다.

　이러한 원칙을 고수한 덕분에 버핏은 인터넷이나 기타 첨단 기술주 등 버블 주식 대열에 동참하지 않을 수 있었다. 버핏의 판단으로는 돈을 벌 것 같지 않고, 차세대 신기술의 개발로 하루아침에 무용지물이 되어 버릴 사업을 40배에 이르는 높은 주가 수익률로 사들일 이유가 전혀 없었던 것이다. 오늘 당장 440억 달러에 야후Yahoo!를 통째로 살 수 있으며, 향후 매년 18억 달러의 수익을 올릴 수 있다고 하

자. 당신이라면 투자하겠는가? 한편 같은 440억 달러로 10년 만기 미 재무부 채권을 매입하는 경우, 위험 부담 없이 매년 22억 달러의 수익을 올릴 수 있다. 어느 쪽이 더 나은 투자 결정일까? 어느 쪽이 더 도박에 가까울까? 당신은 어느 쪽을 더 잘 알고 있으며, 어느 쪽을 더 모르고 있는가? 어느 쪽이 합리적인 투자이며, 어느 쪽이 투기로 보이는가? 야후는 향후 10년이면 인터넷의 역사 속으로 사라질지 모르는 기업이다. 그러나 미국 정부는 10년 후에도 여전히 건재할 것이다. 여기서 보듯이 버핏처럼 생각하는 것이 그렇게 어려운 일은 아니다.

> > >
어떤 투자 아이디어를 이해했다면 그것을 다른 사람들이 이해하도록 설명할 수 있어야 한다. < < <

No.096

이것은 투자를 하기 전에 자신이 선택한 투자 대상을 제대로 이해하고 있는지 알아보기 위해 버핏이 자주 사용한 방법이다. 다른 사람에게 설명할 수 없다면 제대로 이해하지 못한 것이다. 버핏은 투자 대상에 관해 잘 알지 못하면 투자하지 않았다. 그것은 당신도 마찬가지다. 남에게 설명하려고 노력하는 과정에서 대상에 대해 좀 더 많은 정보를 알게 되고, 새로운 투자 정보도 얻게 될 것이다.

주식을 매수하기 전에는 나름대로 조사하고 분석하는 작업이 반드시 필요하다. 버핏이 사용하는 원칙은 아주 간단하다. 설명할 수 없다면 함부로 덤비지 말라.

> > >
회사를 경영할 때 나에게 도움을 청한다면
아마 투자자와 경영자 모두
곤란한 상황에 처할 것이다. < < <

유능한 투자자라고 해서 자동적으로 유능한 경영자가 되는 것은 아니다. 어떤 소질이나 능력을 찾아내는 것과 그러한 소질이나 능력을 갖고 있는 것과는 본질적으로 차이가 있다. 유능한 투자자는 특정 능력을 찾아내는 데 일가견이 있다. 훌륭한 감독이 훌륭한 선수로 성장할 재목을 알아보듯이 말이다. 버핏은 유능한 경영자가 갖춰야 할 소양과 능력이 무엇인지 잘 알고 있다. 그러나 그렇다고 해서 스스로 그런 경영자가 될 수 있다는 의미는 아니다. 자신과 다른 사람의 능력을 알아보고, 각자의 장점을 이끌어 낼 수 있는 능력이야말로 훌륭한 경영자가 갖춰야 할 덕목이다.

버핏은 자신이 다각적인 인수를 통해 기업을 키울 수 있었던 비결은 적정한 가격에 우량 기업을 사들인 것이라고 말한다. 이미 훌륭한 경영자가 회사를 잘 꾸려 나가고 있는 우수 기업을 인수한 후 기존 경영진에게 모든 일을 맡기고, 자신은 그냥 빠져 주는 것이라고 한다. 버크셔 해서웨이의 자회사 매클레인 컴퍼니^{McLane Company}의 CEO

그레이디 로지어 Grady Rosier가 버핏에게 전화해 회사 비행기 두 대를 구입하려 하는데 괜찮겠느냐고 물었다. 그러자 버핏은 이렇게 대답했다. "알아서 결정하세요. 당신이 경영하는 회사 아닙니까?"

버크셔 해서웨이의 직원은 총 18만 명인데, 이 가운데 본사에서 근무하는 직원은 단 17명에 불과하다. 기본적으로 버핏은 각 담당자에게 해당 업무를 맡기고, 알아서 결정을 하도록 전권을 위임한다. 다른 사람에게 일을 떠맡기면 큰 기업을 운영하는 것도 그리 어렵지는 않다. 단, 그 일을 일임해도 좋을 만한 적임자를 찾아 전권을 주는 것이 성공의 관건이다.

›››
나의 투자 방법은 아주 간단하다. 기본적인 경쟁력을
갖춘 기업, 그리고 정직하고 유능한 경영자가
운영하는 우량 기업을 골라 적정 가격에 매수하는
것이다. 이외에 내가 달리 할 일은 없다.‹‹‹

No.098

기업의 기초 체력이 튼실한지 아닌지 알려면 해당 사업 분야에 관해 잘 알고 있어야 한다. 정직하고 유능한 경영자가 운영하는 기업인지 알고 싶을 때에도 역시 그 사업 분야에 대한 지식이 있어야 한다. 적정 가격인지 아닌지를 판단할 때 역시 해당 사업 분야에 관해 알아야 한다. 기업이나 사업에 관한 이러한 기본 지식과 정보야말로 버핏을 성공으로 이끈 비결이라 할 수 있다. 이러한 정보가 없으면 기업의 장기적 경쟁력이 우수한지 나쁜지 판단할 수 없다. 경영자가 유능한지 정직한지도 알 수 없으며, 인수 가격이 적절한 것인가도 판단할 수 없다.

버핏은 자신이 잘 알고 있는 분야만 자신의 능력 범위 안으로 끌어들인다. 반면 자신이 잘 모르는 분야는 그의 능력의 범위 밖에 있으므로 섣불리 손대지 않고 다른 사람에게 맡긴다.

>>> 나의 능력 범위를 벗어난 곳에 그럴 듯한 먹잇감이
있다고 해서 무리하게 접근하지는 않는다.
그저 나의 능력의 범위 안에 먹잇감이 나타나기를
기다릴 뿐이다. <<<

버핏은 자신의 능력이 닿는 범위를 넘어서면서까지 무리하게 투자하지 않는다. 능히 감당할 수 있는 범위 내에 있다고 판단되는 기업이 적정 가격으로 인수 시장에 나오면 그때 그 기업을 인수한다. 그러나 자신의 능력 범위 밖에 있는 기업이라고 판단되면 아예 눈길조차 주지 않는다.

버핏은 아무도 주목하지 않는 기업을 선택해 인수하는 방식을 취한다고 했다. 이런 선택이 가능하려면 해당 기업의 내재적인 경제 가치를 잘 알아야 했다. 그래야만 그 기업의 미래를 예측할 수 있기 때문이다. 그 기업이나 사업 분야에 관해 잘 알지 못하면 이러한 예측과 선택이 불가능하다.

버핏은 자신이 알고 있는 범위 내에서 적정 가격에 거래되는 적절한 인수 대상 기업이 없으면 그러한 대상이 나타날 때까지 기다리고 또 기다린다. 1967년에 버핏은 투자 파트너들에게 편지를 썼다. 자신이 알고 있는 범위 내에서 적절한 투자 대상 기업을 찾기가 점점

어려워지므로 투자금을 모두 반환하겠다는 내용이었다. 그 후로 1973년까지 그는 칩거에 들어갔다. 내내 관망세만 취하던 버핏에게 드디어 기회가 왔다. 주식 시장 전체가 붕괴되면서 우량 기업의 주가가 떨어져 투자 대상 기업이 우르르 버핏의 능력 범위 안으로 들어온 것이다.

   투자 게임에서는 투자 대상 종목과 가격이 주요 변수로 작용한다. 적정 가격에 잘못된 기업을 선택해도 손실을 보고, 또 잘못된 가격에 적절한 기업을 선택해도 손실을 본다. 요컨대, 적정 가격과 적절한 기업이라는 두 마리 토끼를 모두 잡아야 투자에 성공할 수 있다. 이외에 한 가지가 더 필요하다면, 그것은 버핏처럼 기다릴 줄 알아야 한다는 점이다. 투자 게임에서는 인내하는 자가 승리할 수 있다.

> > >
아무리 엉터리 사업 계획이라도 사장이 하고
싶어 하면 아랫사람들은 알아서 긍정적인 조사
자료를 갖다 바친다. < < <

No. 100

사장을 기분 좋게 해 주고 싶다면 자신의 진짜 감정은 뒤로 던져두고, 무조건 사장의 의견에 맞장구를 쳐 주면 된다. 사장이 내놓은 의견에 대해 "저도 그렇게 생각합니다"라고 대답하는 정도로는 어림도 없다. 적어도 "정말 괜찮은 생각입니다" 정도는 되어야 사장의 마음에 들 수 있다. 사장이 말한 계획이 얼토당토않은 것일 때도 "우리 모두 그것이 좋은 아이디어라고 생각했습니다"라고 말한다. 참으로 상사 비위 맞추기 힘들고 고달프다. 이런 이유 때문에 버핏은 누군가의 조언이 필요할 때 차라리 거울을 들여다보고 자신에게 물어본다. 아랫사람에게 의견을 물어봐야 나쁘다는 대답이 나오기 어려우므로 차라리 자기 자신에게 묻고 또 묻는 것이다. 직장에서 사장 자리를 차지할 수 없다면 자신의 인생에서라도 '사장'이 되어 신중하게 생각하고 소신껏 결정해야 한다.

> > >
사업의 세계에서는 백미러가 전면 유리보다 더 선명하게 보이는 법이다. < < <

　　　　　　지나온 과거를 돌이켜보면 모든 것이 분명하게 보인다. 그러나 앞날을 예측하는 것은 그렇지 않다. 미래는 급변하는 환경 속에 자신의 모습을 감추고 있기 때문이다. 앞에 놓인 길이 보이지 않을 때는 어디로 가야 하는지 방향을 잡기가 힘들다. 버핏이 기술주에 관심을 두지 않는 이유 가운데 하나도 바로 이 때문이다. 간단히 말해 버핏은 기술 분야의 앞날을 예측할 수 없다며, 이는 자신의 절친한 친구이자 컴퓨터 업계를 속속들이 알고 있는 빌 게이츠 역시 마찬가지일 것이라고 말한다.

　앞날을 예측하는 것이 어렵다는 사실은, 버핏이 오랜 세월을 두고 그 실효성이 입증된 제품에만 관심을 두는 원인이기도 하다. 실효성이 입증된 제품의 경우, 적어도 15년 정도는 앞을 내다볼 수 있다. 한번 생각해 보라. 사람들이 더 이상 면도를 하지 않는 날이 올 것 같은가? 콜라를 마시지 않게 될 것이라 보는가? 자동차 보험에 가입하지 않는 날이 찾아올까? 껌을 씹지 않게 될 날도 올 것이라 생각하는가? 무더운 여름밤에 아이들의 손을 잡고 데어리 퀸^{Dairy Queen}, 아이스크림 등 디저트 전문 식당에 가지 않는 날이 올까? 십중팔구 그럴 것 같지는 않다.

  버핏은 전면 유리가 흐릿한 제품, 즉 미래 예측이 불가능한 제품에는 관심을 두지 않는다. 앞길을 분명하게 예측할 수 있는 제품만 선호한다. 이러한 제품이라면 단기적 관점이 주를 이루는 주식 시장이 그 가치를 얼마로 측정하든 관계없이 사업의 장기적 경제 가치를 가늠할 수 있다.

>>> 어떤 능력이 뛰어나다고 해서 인생사 전반에 걸쳐 조언할 수 있다고 생각하는 것은 지나친 오만이다. 돈을 좀 벌었다고 해서 다른 모든 것에 관해 조언을 할 수 있다고 생각하는 것은 크나큰 착각이다. <<<

No.102

버핏의 이러한 입장은 자신의 능력이 허용하는 범위 내에서만 투자 대상을 선택한다는 투자 원칙과도 일맥상통한다. 그는 자신의 능력 범위를 넘어선 분야에는 절대 투자하지 않으며, 그러한 부분에 관해서는 일체 조언도 하지 않는다. 자신이 잘 알고 있는 분야에만 손을 댔기 때문에 그토록 탁월한 성과를 올릴 수 있었던 것이다.

로즈 블룸킨은 하버드 출신의 월스트리트 종사자들보다 훨씬 많은 돈을 벌었다. 그녀는 읽고 쓰지 못했지만, 가구를 사고팔면서 이익을 내는 방법에 관해서만큼은 이 세상 누구보다도 잘 알고 있었다. 실제로, 오마하에 있는 그녀의 매장에서 가구를 사서 샌프란시스코로 보내는 것이 샌프란시스코의 가구점에서 사는 것보다 훨씬 싸게 먹힌다. 그렇게 싸게 팔면서 어떻게 큰돈을 벌었느냐고 물었을 때 그녀는 물건을 싸게 사는 것이 비결이라고 말했다. 낮은 가격에 물건을 구입하기 때문에 경쟁 업체보다 더 싸게 팔 수 있다는 것이다. 그렇다면 남들보다 싸게 구입할 수 있는 방법은 무엇일까? 바로 현금 구매가 답이다. 경쟁 업체는 외상으로 물건을 구입하기 때문에 제값을 다 치러야 하지만, 그녀는 현금을 주고 대량으로 구입하기 때문에 할인을 많이 받는다. 매장 건물도 자신의 소유이기 때문에 임대료가 나갈 일도 없다. 그녀가 정말 읽지도 쓰지도 못하는 문맹자라는 것이 사실일까? 사실이다. 하지만 적어도 돈은 정확하게 셀 수 있었다.

 여기서 말하고자 하는 바는 자신이 가장 잘하는 것에만 집중하면 어리석은 짓은 하지 않게 된다는 것이다. 더 나아가 이렇게만 한다면 읽고 쓰지 못할지언정 큰 부자가 될 수도 있다.

> > >
투자자를 녹초로 만드는 것은 경제 상황이 아니라 투자자 자신이다. < < <

No.103

      이 종목에서 저 종목으로 우르르 몰려다니며 실제 가치 이상으로 주가를 올려놓는 존재는 바로 투자자 자신들이다. 재산을 불려 주지 못했는데도 서비스를 제공한 대가로 자산 관리자에게 계속해서 거래 수수료를 갖다 바치는 것도 투자자들이다.

  투자자들은 스스로 투자 대상을 찾지 않고, 남이 하는 대로 그냥 따라다닌다. 그러다 보니 기본적인 경제 지표인 펀더멘털 fundamental 은 무시하고, 인기의 유무만을 기준으로 투자 종목을 선택하게 된다. 이는 진정한 투자라기보다는 투기에 가깝다.

  또한 이렇게 투자하는 사람일수록 단기 투자에 매달린다. 그러다 다른 사람들이 '파티장'을 떠나면 안절부절못하다가 헐값에 주식을 처분하고 그 사람들을 다시 따라간다. 이성적인 판단은 간데없고, 감정에만 치우친 결정을 내리는 것이다. 일확천금을 꿈꾸며 근시안적으로 접근하기 때문에 기업의 장기적인 경제 가치 따위는 아예 안중에도 없다.

GNP라든가 소비자 물가 지수에 변화가 생긴 것도 아니며, 연방 준비은행에서 금리를 올린 것도 아니다. 다만 투자자들의 자기 파괴적 투자 행태가 자신들을 파멸로 몰고 간 것이다.

워렌버핏
투자노트
Chapter 13

The Price You Pay
가격 결정

>>>
가치가 아닌 가격에서 투자 판단의 실마리를
구하는 것도 나름대로의 일리가 있다.
가격은 당신이 지불하는 액수이고,
가치는 거래를 통해 얻는 무엇이다. <<<

No. 104

버핏은 거래로 얻을 수 있는 가치의 규모를 자신이 지불하는 금액으로 가늠한다. 지불 규모가 너무 크면 당연히 가치는 줄어든다. 반면에 지불 규모가 작을수록 가치는 늘어난다. 연수익 1,000만 달러인 기업을 1억 달러를 주고 인수한다면 지불 가격은 1억 달러이고, 여기서 얻는 가치는 연간 1,000만 달러가 된다. 이보다 지불 가격이 높으면(예를 들어, 1억 5,000만 달러) 이보다 낮은 가격(7,500만 달러)일 때보다 가치가 떨어진다. 더 높은 가격을 지불할수록 거래를 통해 얻는 가치는 줄어들고, 더 낮은 가격을 지불할수록 얻는 가치는 커진다. 요컨대, 투자의 비결은 항상 낮은 가격을 지불하고 높은 가치를 얻는 것이다.

> > >
한 번 오르면 반드시 떨어지는 때가 있다고 하지만, 예외도 있는 법이다. < < <

No. 105

　　　　　　　이는 버핏이 버크셔 해서웨이의 주가를 두고 한 말이다. 버크셔 해서웨이의 주가는 1965년에 주당 19달러에서 2006년에 주당 9만 5,000달러까지 올랐다. 버크셔 해서웨이처럼 기업의 내재 가치가 지속적으로 신장된 기업의 주가는 지속적으로 상승하게 되어 있다.

> > >
주식 시장은 주식의 가격을 결정할 뿐이다.
주식 시장은 당신에게 봉사하기 위해 있는 것이지,
당신을 가르치기 위해 있는 것이 아니다. < < <

No.106

　　　　　　버핏에게 주식 시장은 단기적 경제 전망에 따른 주가 형성을 참고하는 장일 뿐이다. 단기적 접근법을 따르게 되면 짧은 주기로 주가 변동이 이루어지고, 장기적인 경제 가치와는 무관하게 주가가 형성된다. 이러한 단기적 가격 변동으로 인해 장기적 경제 가치 이하로 혹은 이상으로 주가가 형성되기도 한다. 대체로 주식 시장은 종목의 가치를 과대평가하는 경향이 있다. 버핏은 주가가 기업의 장기적 가치 이하로 형성될 때 주식을 매수하고, 가치가 과대평가됐던 수준으로 주가가 오르기를 기다린다.

　우량 기업의 주식을 낮은 가격에 매수한 경우에는 사내 유보 이익이 장기적인 기업의 내재 가치를 증가시킬 것이다. 그리고 이는 결국 주가 상승으로 이어질 것이다. 투자자는 그때까지 주식을 보유해야 한다. 우량 기업이라면, 언젠가는 주식 시장에서 제대로 평가받지 못했던 장기적 가치가 드러나게 마련이다.

　그러므로 근시안적인 주식 시장의 의견에 상관하지 말라. 기업의 장기적 경제 가치를 기준으로 매수 대상과 시점을 결정하라. 무엇을 언제 살지는 주식 시장이 아닌 바로 투자자 자신이 결정해야 함을 잊지 말라.

> > >
처음에는 기업의 기초 경제 지표에 따라 주가가 결정된다. 그러나 일정 시점이 되면 투기가 가격을 결정한다. < < <

No. 107

현명한 투자자는 기업의 기초 경제 지표가 자신에게 유리하게 나타날 때를 기준으로 매수를 결정한다. 그래야 주가가 하락하더라도 안전 마진을 확보할 수 있다.

시간 역시 기초 경제 지표의 친구다. 즉, 시간이 경과하면 결국에는 장기적인 경제 가치에 따라 가격 조정이 일어난다. 그러다 투기가 개입되면 기초 경제 지표는 안중에 없어지고, 가격이 급등하면서 매수를 촉진하는 단계로 접어든다.

멍청한 사람은 현명한 사람이 하던 일을 뒤늦게 따라한다. 즉, 현명한 투자자는 투기가 개입되는 시점이 언제인지 알고, 적절한 시기에 빠져 나올 줄도 안다. 그러나 미련한 투자자는 장기적 기초 경제 가치가 반영된 가격에 투기적 수요가 더해져 주가가 한껏 치솟았을 때 매수에 들어간다.

산이 높으면 골도 깊다고 했다. 일단 투기 수요 때문에 치솟았던 주가는 결국 기초 경제 가치가 반영되면서 큰 폭으로 떨어지게 된다. 투기성 매수를 한 후 주가가 떨어지기 시작한 종목을 그대로 보유하고 있다면 거울을 한번 들여다 보라. 웬 바보가 한 명 서 있을 것이다.

> > > 인수 전쟁에서 살아남는 자는
> 발을 뺄 시점을 아는 쪽이다. < < <

No.108

기업 인수를 놓고 양측이 끝까지 싸울수록 인수 가격은 자꾸 올라간다. 이렇게 되면 투자 수익은 점점 줄어든다. 성공적인 거래가 될 가능성 역시 그만큼 줄어든다. 또 가격이 너무 높아지면 최악의 거래로 끝나고 만다.

이렇게 인수 전쟁에서 가장 문제가 되는 것은, 이성적 사고보다는 감정에 치우쳐 결정을 내리는 일이다. 자의식이 강한 CEO일수록 주주들의 돈으로 터무니없이 높은 가격을 지불한다. 다른 사람의 돈으로 투자하는 경우에는 항상 너무 많은 돈을 지불하는 경향이 있다. 그런데 이렇게 높은 가격에 거래를 성사시켜 부자가 된 사람은 아무도 없다.

이 원칙은 소매 거래에도 그대로 적용된다. 다른 경쟁자보다 낮은 가격에 물건을 구입하면 소비자들에게 더 낮은 가격에 판매할 수 있고, 숱한 경쟁자를 물리치면서도 일정 수준의 수익을 유지할 수 있다. 전형적인 예가 바로 NFM이다. 이 회사는 물건을 들여올 때 도매상에게 현금을 지불한다. 그리고 한 달 치 물건을 한꺼번에 구입하는 등 한 번에 대량 구매하는 방식을 사용한다. 따라서 도매상과의 가격 협상을 통해, 외상 구매를 하는 다른 경쟁자보다 낮은 가격에 물건을 구매할 수 있다. 이러한 방식을 통해 NFM은 낮은 가격에 물건을 들여와 경쟁사보다 낮은 가격에 소비자에게 판매할 수 있다. 한 마디로 박리다매의 효과를 톡톡히 누린 것이다. 얼마에 판매하느냐도 중요하지만, 얼마에 구입하느냐가 훨씬 중요하다. 소매상에게는 특히 그러하다.

>>> 모든 거품에는 그것을 터뜨릴 핀이 항상 도사리고 있다. 결국 핀은 거품을 터뜨리고, 초보 투자자들은 새로운 교훈을 얻게 된다. 그러나 그 교훈은 아주 오래된 것이다. <<<

No.109

너도나도 주식에 달려들면 투기 열풍이 조성된다. 특정 종목의 주가가 오른다 싶으면 재빨리 이 주식을 매수하여 쉽게 돈을 벌려고 한다. 이런 투기 열풍은 약 30년에 한 번씩 찾아온다. 보통은 새로운 기술이 개발됐을 때 이런 현상이 나타나기 쉽다. 지난 100여 년을 돌아보면 라디오, 항공사, 자동차, 컴퓨터, 생명 공학, 인터넷 등이 등장했을 때가 그랬다.

투기적 강세장의 주가에는 기업의 기초 경제 가치가 아니라 도박장의 광기가 반영된다. 버핏은 초창기부터 투기적 강세장은 애써 외면했다. 그가 보기에 투기적 강세장에서 형성된 높은 주가는, 결코 발생할 것 같지 않은 미래 수익이 반영된 결과다. 그리고 돌이켜 보면 이런 미래 수익이 실현된 적은 거의 없었다. 미래 수익이 실현되지 않고, 주가가 오르리라는 기대도 사라지면 중력의 법칙에 따라 주가는 무서운 속도로 급전직하한다.

>>> 나는 주식 시장을 통해 돈을 벌어 보겠다고
생각한 적이 없다. 내일 당장 시장이 문을 닫아
향후 5년 동안 개장하지 않는다는 가정 하에
투자한다. <<<

　　　　　　　　버핏은 주식 자체가 아니라 기업을 인수한다
는 생각으로 투자를 한다. 물론 주식 시장이 기업을 개인 매수자에게
매각되는 가격보다 낮은 가격으로 제공할 때는 주식 시장을 통해서
투자를 한다. 그러나 버핏은 기본적으로 주식 시장을, 일확천금을 획
득하여 '올해의 뮤추얼 펀드 상'이라는 타이틀을 거머쥐겠다는 욕망
에 사로잡혀 기업의 장기적 경제 가치는 무시한 채 근시안적으로 접
근하는 조직으로 본다. 그래서 주식 시장을 자신의 주 활동 무대로
삼지 않는다. 적절한 기업의 주식을 적정 가격에 매수하기만 하면 그
것으로 족하다. 이제 이 우량 기업의 가치가 오르기만 기다리면 된
다. 주가에 기업의 내재 가치가 반영됨에 따라 투자자의 주머니는 두
둑해진다.

　여기서 중요한 점은 주식 시장이 향후 5년 동안 폐쇄되더라도 기
업의 내재 가치는 지속적으로 상승한다는 점이다. 주식 시장은 단기
간의 기업 가치를 바탕으로 형성된 가격표를 제공하는 장소에 불과

하다. 만약 매수한 주식을 5년 동안 보유한다면 그 이전, 즉 1년에서 5년 사이에 주식 시장에서 주가가 어떻게 형성되는지를 신경 쓸 이유가 없다. 주식 시장의 주가가 의미 있는 때는 보유 주식을 매도하는 시점뿐이다.

워렌버핏
투자노트
Chapter 14

Long-Term Economic Value is the Secret

버핏이 욕심 부릴 때

>>> 주식 시장은 스트라이크 선언이 없는
야구 경기장과 같아서 날아오는 공마다
방망이를 휘두를 필요는 없다.
자신이 가장 좋아하는 공만 노리라. <<<

펀드 매니저는 기본적으로 분기별 혹은 연도별 실적에 목을 맬 수밖에 없다. 분기 실적이 형편없으면 고객의 일부를 잃고, 연도별 실적이 좋지 못하면 고객의 대부분을 잃는다. 그래서 펀드 매니저들은 단기간에 수익을 올리길 원하는 고객의 노예로 전락할 수밖에 없고, 좋은 공이든 나쁜 공이든 가리지 않고 홈플레이트를 향해 날아오는 모든 공에 방망이를 휘두른다. 그들은 이런 식의 단기 투자 게임에서 헤어나지 못한다. 이렇게 하지 않으면 고객은 등을 돌리고 다른 펀드 매니저를 찾아 나서기 때문이다. 사람들이 펀드 매니저를 고용하는 목적은 3개월에서 6개월 정도의 단기 투자를 통해 수익을 올리려는 것이다.

이렇게 하다 보니 단기적인 주가 변동에만 관심이 몰려 기업의 장기적 경제 가치와 무관하게 주가가 형성되어 버린다. 버핏은 이렇게 잘못 형성된 주가를 철저히 이용한다. 유명 펀드 매니저들이 초단기 거래를 통한 일확천금을 노리는 데 집착하지 않았다면 버핏 같은 투자가가 그렇게 큰돈을 벌 수도, 그렇게 큰 유명세를 탈 수 없었을지도 모른다. 그러므로 주식 투자로 큰돈을 벌고 싶다면 전문 펀드 매니저를 멀리하라. 그리고 그들이 장기적인 가격을 예측할 때 저지르는 실수를 이용하라. 그렇게 하기 위해서는 이들 펀드 매니저들의 근시안적인 시각을 십분 활용할 수 있어야 한다.

> > >
역사를 통해 배울 수 있는 사실은
아이러니하게도 사람들은 역사를 통해
아무것도 배우지 않는다는 사실이다.< < <

No. 112

      투자자들은 주식 시장에서 똑같은 실수를 계속 반복한다. 즉, 단기적 주가 변동을 통해 큰돈을 벌겠다는 생각으로 높은 가격에 주식을 매수하는 일을 끊임없이 반복하는 것이다. 투자자라면 누구나 행하는 이 공통된 실수가, 사실은 주식 시장을 움직이는 동력으로 작용하고 있다. 이런 경향은 근시안적인 일반 투자자들의 욕구를 채워 주는 펀드 매니저들에 의해 더욱 공고하게 지속된다. 버핏은 대중의 뿌리 깊은 근시안적 시각과 그에 따라 기업의 장기적 경제 가치를 무시한 채 잘못 형성된 주가를 철저히 이용한다.

    과거를 돌이켜볼 때 투자자들이 결코 깨닫지 못하는 한 가지 교훈은, 장기적 경제 가치에 비해 과도하게 높이 형성된 주가는(주로 강세장에서 많이 발생하는 현상이다) 다양한 기대 심리가 사라지고 투자 상황의 변화가 일어나면 폭락할 가능성이 농후하다는 사실이다. 강세장에서 과도하게 높이 형성된 가격에 매수한 투자자들은 갑작스런 주가 폭락을 견디지 못하고 빈털터리가 되고 만다. 그래서 버핏은 주가가 지나치게 높게 형성됐다 싶으면 시장에서 멀찌감치 떨어져 있다가, 주가가 하락하기 시작하면 그제야 매수에 관심을 보이고, 가격이 충분히 떨어졌다 싶을 때 그리고 그 기업이 올바른 기업일 때 비로소 행동에 나선다.

> > >
시세 변동을 적이 아닌 친구로 생각하라. 변동의 물결에 휩쓸리기보다 그 어리석음에서 이익을 창출하라. < < <

No.113

주식 시장은 기업의 장기적 경제 가치는 무시하고 단기적 전망에만 의거해 거래하는 무지한 야수와 같다. 단기적 전망이 좋지 않다는 것은 곧 주가가 급락할 수 있음을 의미한다. 그 과정에서 기업의 장기적인 잠재력은 철저히 무시된다. 이런 사정 때문에, 단기적이고 사소한 문제를 겪고 있다는 이유로 장기적 경제 전망이 밝은 기업의 주가가 급락하는 상황이 벌어진다. 기업의 주식을 매수할 적기는 바로 이때다. 바보들이 달려들어 주가를 올리고 있을 때는 관망세를 취하다가 바보들이 모두 물러나고 주가가 하락하기 시작할 때를 노리라.

버핏이 주식 시장의 시세 변동을 이용하여 투자에 성공한 예를 1973~1974년과 1987년에 발생한 주식 시장 붕괴에서 찾아볼 수 있다. 1973년 당시 버핏은 워싱턴 포스트 컴퍼니 주식 1,000만 달러어치를 사들였다. 현재 이 주식의 가치는 15억 달러 이상이다. 1987년에는 코카콜라 주식 10억 달러어치를 매수했는데, 현재 이 주식의 가치는 80억 달러 이상이다. 은행 경기 침체기에는 웰스 파고에 4억 달러를 투자했다. 지금은 19억 달러 이상의 가치가 나가는 기업이다. 버핏의 입장에서 볼 때 주식 시장의 시세 변동은 너무나 고마운 존재다.

> > >
일시적인 문제로 우량 기업의 가치가
과소평가될 때가 바로 최적의 투자 시점이다. < < <

No.114

　　　　　　　버핏은 우량 기업들도 가끔은 실수를 한다는 사실을 알게 되었다. 물론 이때의 실수나 잘못은 회복이 가능한 것이어야 한다. 이런 실수로 인해 주가가 떨어지면 장기적 경제 가치와는 무관하게 기업의 가치는 과소평가된다. 다시 말하지만, 실수가 회복 가능한 것인지가 투자 결정의 핵심 관건이다. 투자 대상으로 고려하고 있는 기업의 경제적 상태와 속성을 알아야 하는 이유가 바로 여기에 있다.

　버핏이 자동차 보험 회사인 가이코에 투자하려 할 당시, 이 회사는 지급 불능으로 인해 파산을 눈앞에 둔 상태였다. 원래 가이코는 저가로 보험을 인수하는 매우 튼실한 업체였으나, 사업을 확장하는 과정에서 위험을 고려한 보험료 인상 없이 모든 보험 가입자에게 보험 인수를 해 주는 바람에 재정에 문제가 생겼다. 그러면서 엄청난 손실을 내기 시작한 것이다. 버핏은 이 업체가 이번 고비만 잘 넘기면 충분히 살아날 수 있을 뿐더러 더 나아가 수익까지 창출할 수 있는 기업이라는 사실을 알고 있었다. 그래서 버핏은 4,500만 달러를 투자했고, 예상대로 회사는 살아남아 15년이 지난 현재는 그 가치가 23억 달러나 되는 회사로 성장했다.

가이코는 회복이 가능한 실수를 했고, 이러한 유형의 실수는 기업의 장기적 경제 가치에 영향을 미치지 않는다는 사실을 버핏은 잘 알고 있었다. 근시안적으로 접근하는 주식 시장이라면 이러한 실수가 회생 불능의 치명적 실수로 보였을 것이다.

> > >
기업의 장기적 가치를 보고
주식을 구매하는 투자자에게
시장의 불확실성은 오히려 좋은 친구다. < < <

No. 115

주식 시장의 불확실성은 두려움을 낳고, 이 두려움은 광적인 투매로 이어진다. 이렇게 되면 기업의 장기적 경제 전망과는 무관하게 주가는 하락하고 만다. 기업의 장기적 경제 가치가, 이러한 현상으로 인해 형성된 주가보다 높다면 이러한 연쇄 반응은 투자자에게 아주 좋은 투자 기회로 작용한다. 결국 실제 가치에 맞게 주가를 끌어올려 줄 것은 장기적 경제 가치이기 때문이다. 버핏은 기업 혹은 사업의 장기적 경제 가치에 관한 지식과 정보가 풍부했기 때문에 다른 투자자들이 불확실성에 겁을 먹고 물러설 때 과감하게 투자 결정을 내릴 수 있었다.

> > >
월스트리트의 전문가들에게 기업과 주식은
단지 거래를 위한 재료일 뿐이다. < < <

No. 116

자산 관리 전문가들은 사업적 관점에서 기업과 주식을 바라보지 않는다. 단지 자신이 베팅하는 화면상의 숫자로 볼 뿐이다. 버핏은 이들 도박꾼들이 주식을 지나치게 많이 팔아 치워 해당 기업의 장기적 가치에 비해 상대적으로 낮은 주가가 형성될 때를 이용해 수익을 낸다.

이런 카지노와 같은 성격은 주식 시장이 처음 생겼을 때부터 있던 특성이다. 사람들은 기본적으로 내기를 즐긴다. 별다른 이유가 있어서가 아니다. 단지 내기가 재미있기 때문이다. 전문가들은 주식이라는 미끼로 투자자들에게서 엄청난 돈을 받은 다음, 이를 걸고 내기를 한다. 시장 상황이 그에게 유리하게 전개되면 이보다 흥분되는 일도 없겠지만, 만에 하나 불리한 방향으로 흐른다면 이보다 끔찍한 일도 없을 것이다. 주가가 심하게 요동치는 것은 바로 전문가들의 도박 성향 때문이다.

때로 주가에 상관없이 전문가들이 시장에서 빠져나와야 하는 때도 있다. 버핏은 이렇게 말했다. "화재가 난 극장을 떠올려 보라. 화재가 난 주식 시장에서 당신이 먼저 빠져나오기 위해서는 당신 뒤에 설 다른 사람들을 찾아야 한다. 그러나 다른 사람을 찾는 일이 그렇게 쉽지는 않다." 하지만 주식 시장의 이런 상황은 기업의 진정한 장기적 가치를 알아보는 투자자에게는 다양한 매수 기회를 제공한다.

>>> 아무리 재능이 뛰어나고 많이 노력한다 해도
결과를 얻기까지는 어느 정도 시간이 걸린다.
아홉 명의 여자를 임신시켰다고 해서 한 달 만에
아이를 얻을 수는 없는 노릇이다. <<<

No. 117

　　　　　　기업의 가치가 형성되는 데는 시간이 걸린다. 하루아침에 이루어지는 것은 아무것도 없다. 아이가 자라 어른이 되는 데 일정한 시간이 필요하듯 한 기업의 가치가 신장되는 데에도 시간이 필요하다. 하지만 처음부터 경제 가치가 높은 우량 기업을 매수한다면 투자자가 얻을 수 있는 가치는 놀랄 정도로 높아질 것이다.

　1986년 캐피털 시티즈/ABC 코퍼레이션Capital Cities / ABC Corporation에 투자할 당시 버핏은 주당 17.25달러를 지불했다. 싸지도 않고 비싸지도 않은 적정 수준의 가격이었다. 기업 가치만큼의 돈을 지불한 것이다. 그러나 시간이 흐르면서 이 기업의 내재 가치는 더욱 신장되었고, 이에 따라 주가도 함께 상승했다. 결국 1995년에는 주당 127달러가 됐다. 연간 수익률 24퍼센트에 해당하는 놀라운 성장세다.

　가이코의 경우도 마찬가지다. 가이코의 내재 가치가 주가 상승으로 이어지기까지는 15년이 걸렸지만, 당시 4,500만 달러의 투자 금액이 지금은 23억 달러가 되었다. 연간 수익률 29퍼센트에 해당하는 수치다.

  탁월한 기업은 시간이 지남에 따라 기업 가치를 높이고, 주주들을 더욱 부자로 만들어 준다. 다만 그렇게 되는 데는 한 달 이상의 시간이 필요하다.

> > >
과거를 알면 부자가 될 수 있다?
그렇다면 도서관 사서가
세상에서 제일 큰 부자가 되었을 것이다. < < <

No.118

비즈니스의 역사를 아는 것은 향후 발생할 일을 예측하는 데 있어 중요한 역할을 한다. 그러나 역사를 안다고 해서 무슨 일이 언제 발생하는지 알 수 있는 것은 아니다. 미래를 예측하기 위해서는 투자자 자신의 선견지명이 필요하다.

버핏은 시간이 흘러도 변치 않는 제품을 생산하는 기업을 선호함으로써 미래를 예측하려고 했다. 예측 가능한 제품은 예측 가능한 수익과 동의어다. 맥주나 사탕, 자동차 보험, 탄산음료, 추잉껌, 면도날 등을 생각해 보라. 이런 제품들이 어느 날 갑자기 사라져 버릴 것이라고는 생각하기 어렵다. 버핏은 이런 방법으로 장기적 경제 가치가 있는 기업이 무엇인지, 또 기업 가치에 대한 적절한 매수 가격이 얼마인지 등을 판단할 수 있었다.

반면 사업의 속성상 끊임없이 신제품을 개발해야 하는 기업은 가까운 미래조차 전망하기 힘들다. 돈은 앞날에 무슨 일이 일어날지 아는 곳에서 벌 수 있다.

>>> 주식 시장이 10년간 문을 닫아도 불안해하지 않고
보유할 수 있는 종목을 선택하라.<<<

버핏을 비롯한 벤저민 그레이엄의 추종자들은 1960년대부터 1990년대에 이르기까지 2년에 한 번씩 모임을 갖고, 벤저민 그레이엄의 철학과 말에 대해 의견을 교환했다.

이들이 주제로 삼은 가공의 질문 가운데 하나는 "전 재산을 하나의 종목에만 투자한 다음 무인도에 가서 10년 동안 살다 오면 어떻게 될까?" 하는 것이었다. "주식 시장이 향후 10년 동안 폐쇄된다면 어떤 종목을 사야 마음이 편안할까?"라는 식의 변형된 질문도 있었다.

이런 질문을 통해 사람들은 단기적 접근법을 버리고 장기적 접근법에 대해 생각하게 된다. 장기적인 접근법을 취하면 기업의 장기적 경제 가치와 제품·서비스의 품질 등에 주목하게 된다.

다음으로 당신은 해당 기업의 제품이 지속적 경쟁 우위를 지녔는가 하는 질문을 스스로에게 던진다. 이것은 오랜 세월 큰 변화 없이 계속 판매되는 제품은 높은 마진이 보장된다는 의미다. 공장과 제조 설비를 개조할 필요가 크지 않고, 연구 개발 비용도 적게 들어가기

때문이다. 비용이 낮으므로 마진이 커진다. 마진이 크다는 말은 더 많은 돈이 회사로 들어온다는 뜻이다.

버핏은 주식 시장이 10년 동안 문을 닫아도 아랑곳하지 않고 투자할 회사로, 1982년에는 캐피털 시티즈 커뮤니케이션즈 Capital Cities Communications를 꼽았다. 2006년인 지금은 아마도 코카콜라를 지목할 것이다. 그리고 이 회사의 주가 수익률이 20배 이하로만 형성된다면 이 종목을 매수할 것이다. 버핏은 자신이 부자가 될 수만 있다면 버려진 무인도에서 하는 일 없이 빈둥대는 것도 괜찮다고 본다.

>>> 오늘의 투자자는 어제의 성장 실적에서
수익을 내는 것이 아니다.<<<

No.120

지금 투자자가 거두는 수익의 근원은 과거의 성장 실적이 아니라 미래의 성장 실적이다. 오늘 내가 어느 기업을 사들여 이익을 보았다면, 그것은 오로지 그 회사의 성장 가능성에서 나온 것임을 알아야 한다. 과거는 결코 주식 시장의 수익 원천이 될 수 없다.

이제 남은 문제는 해당 기업이 성장 가능성이 있는가, 있다면 나는 그에 대해 얼마를 지불할 의사가 있는가 하는 점이다. 지속적 경쟁 우위를 지닌 제품을 생산하며 성장 가능성도 있는 기업이지만 매수 가격이 너무 높다면 향후 당신의 투자 수익은 줄어들 수밖에 없다. 이는 당신의 연간 수익률 또한 줄어들게 만드는 결과로 이어진다.

당신이라면 연간 100만 달러의 수익밖에 내지 못하는 기업을 1억 달러를 주고 사들일 것인가? 아마 그렇지는 않을 것이다. 하지만 연간 2,000만 달러의 수익을 내는 기업이라면 기꺼이 1억 달러를 투자할 것이다. 두 경우 모두 아주 극단적인 사례이므로 투자 결정을 내

206

리기가 어렵지 않다. 문제는 양극단의 중간에 위치한 경우다. 그러나 만약 당신이 버핏처럼 되고자 한다면 판단이 쉽지 않은 어정쩡한 중간 조건도 거부하라. 오로지 더 쉬운 조건, 즉 싼 경우에만 거래하라.

>>>
주식 시장이 효율적이었다면 나는 아마 거리에서 구걸하는 신세를 면치 못했을 것이다.<<<

No.121

투자 세계에는 주식 시장이 효율적이라고 생각하는 '효율적 시장 가설'이라는 것이 있다. 이는 해당 주식에 관한 모든 정보가 대중들에게 똑같이 유통되어, 그날의 주식 가치가 정확하게 주가에 반영된다는 가설이다. 단기적 시각에서 보자면 주식 시장은 매우 효율적이다. 그러나 단기적 시각으로 형성된 주식 시장의 효율성은, 장기적 관점으로 볼 때 주식의 가격을 잘못 매기는 '비효율'을 만들어 낸다. 결국 장기적 관점에서 볼 때 주식 시장은 비효율적이라는 의미다.

버핏은 시장의 장기적 비효율을 언급할 때면 언제나 자신이 투자했던 워싱턴 포스트 컴퍼니의 사례를 들곤 한다. 1973년 당시 워싱턴 포스트 컴퍼니는 신문사 《워싱턴 포스트Washington Post》와 잡지사 《뉴스위크Newsweek》, 그리고 줄잡아 5억 달러의 가치가 있었던 네 개의 네트워크 텔레비전 방송국을 소유하고 있었다. 그럼에도 주식 시장은 이 기업 전체의 가치를 1억 달러로 매우 낮게 평가했다. 왜 그렇게 낮게 평가했을까? 그 이유는 바로 월스트리트를 지배하는 단기적 비관론 때문이었다. 주식 시장은 이 기업의 익년 주가 상승을 크게 예상하지 않았다. 그리고 이런 단기적 시각이 들어맞아 실제로 다음 해 이 기업의 주가는 거의 상승하지 않았다. 그러나 버핏은 1,000만 달러 어치의 워싱턴 포스트 컴퍼니 주식을 매수했다. 당시 버핏이 투자했던 1,000만 달러의 금액은 30년이 지난 지금 무려 15억 달러로 증가했다.

여기서 놓치지 말아야 할 사실은 주식 시장의 단기적 효율성이 종종 장기적인 비효율을 낳는다는 점이다. 당신은 이런 주식 시장의 장기적 비효율을 이용하여 큰돈을 벌 수 있다.

> > >
주식 시장은 다른 사람들이
어떤 어리석은 행동을 하는지 알려 주는
참고 자료일 뿐이다. < < <

No. 122

　　　　　　　　　월스트리트는 주가가 오르고 내리는 시장의 동향에 대해서, 그리고 향후 주식 시장이 어떻게 전개될 것인가 예측하는 능력에 관해 끊임없이 이야기한다. 그러나 버핏은 주식 시장의 향방에는 조금도 관심이 없다. 그는 다만 대형 뮤추얼 펀드를 운용하는 근시안적 시각의 주식 투기꾼들이 장기적 관점에서 볼 때 어리석은 행동을 하고 있는지 아닌지 확인하는 데만 관심이 있다. 그것을 알기 위해 버핏은 《월스트리트 저널 Wall Street Journal》을 읽는다. 이 신문은 대형 펀드사들의 근시안적 시각에서 나온 온갖 어리석은 행동을 아주 자세히 기록하고 있다.

>>>
내가 생각하기에 '투자자'라는 고결한 이름을
기관들에게 붙여 주는 것은 마치 습관적으로
원 나잇 스탠드를 즐기는 사람을 두고
'로맨티스트'라고 부르는 것과 같다.<<<

뮤추얼 펀드와 헤지 펀드를 따라다니는 매매 광기는 그야말로 상상을 초월한다. 이들은 분초를 다투며 바삐 거래를 한다. 이들 펀드는 이자율이 조금만 내려도 주식을 매수하고, 겨우 한 달 후에 다시 이자율이 그만큼 오르면 매수했던 주식을 매도한다. 이들은 소위 모멘텀 투자 전략momentum investing을 구사한다. 다시 말해 주가가 급등하면 주식을 사고, 주가가 급락하면 주식을 판다는 뜻이다. 회사 수익이 조금만 떨어져도 주식을 팔고, 수익이 조금만 올라도 주식을 산다. 전쟁이 일어날 기미만 보이면 주식을 팔고, 종전의 서광이 약간이라도 비치면 주식을 산다.

이 모든 거래 행위들은 당해 연도 최고 수익률을 거둔 펀드에 주어지는 '올해의 펀드 상'을 타겠다는 일념에서 이뤄진다. 이 타이틀을 거머쥐면 수백만 달러에 이르는 신규 투자 자금이 투자 대중으로부터 굴러들어온다. 그러나 이들 투자 대중은 아주 단기적인 시각을 가진 이들로, 기업의 분기 실적이 좋지 않으면 당장이라도 다른 펀드로 갈아탄다. 이것은 투자가 아니다. 투자의 탈을 쓴 투기일 뿐이다.
  투자란 주식 조각을 사는 것이 아니라 기업의 일부를 사서 그 기업이 성장하는 과정을 지켜보는 행위다. 반면, 투기란 단기적 주가 향방에 목을 매고 주사위를 던지는 행위다. 투자는 투자자를 부자로 만들어 주지만, 투기는 주사위를 굴리는 펀드 매니저를 부자로 만들어 준다.

>>> 우리는 주식 시장과 금리, 기업 활동 등이
향후 어떻게 전개될지 조금도 알 수 없다.
과거에도 그랬고, 지금도 그러하며,
미래에도 마찬가지다. <<<

No.124

주식 투자로 큰돈을 번 사람이 주식 시장의 동향이나 금리 변동에 대해 아무것도 모른다는 것을 상상할 수 있는가? 그렇다면 버핏은 어떻게 그렇게 큰돈을 벌 수 있었을까? 그것은 다른 투자자들이 모두 주식 시장의 시세 동향과 내년의 금리 변동에만 관심을 가졌기 때문이다.

시세 동향과 금리 변동 추이에만 관심을 두는 투자자는 결국 미국 연방 준비은행에서 발표하는 약간의 금리 인상 뉴스에도 장기적인 경제 가치가 탁월한 우량 기업의 주식을 내다 파는 어리석은 행동을 하고 만다. 버핏은 이처럼 민감한 투자자들이 어리석은 이유 때문에 우량 기업의 주식을 대량으로 내다 팔 때를 기다린다. 때가 오면 버핏은 그 주식들을 가만히 주워 담는다. 그리고 일단 사들인 주식은 오래도록 움켜쥐고 웬만해선 내놓지 않는다.

부자가 되고 싶다면 주식 시장이 어떻게 될 것이라든가, 연방 준비은행이 금리를 얼마나 올릴 것인가 등에 관한 갖가지 예측이나 장담에 귀를 닫으라. 대신 지속적 경쟁 우위를 지닌 기업의 장기적 경제 가치를 판단하는 데만 집중하라. 그런 다음 얼마에 주식이 거래되고 있는지 살피라. 장기적 기업 가치에 비해 주가가 낮게 형성됐다고 판단되면 주식을 사라. 주가가 가치보다 높게 형성되었다면 기다리라. 이런 방식의 선택적 역발상 투자 전략selective contrarian investment strategy을 지속적으로 구사한다면 당신 역시 자신을 지속적으로 부자로 만들어 줄 환상적인 기업들의 포트폴리오를 짤 수 있을 것이다. 버핏처럼 말이다.

> > >
부자가 된다고 해서
그 사람의 본질까지 바뀌는 것은 아니다.
돈을 벌기 전에 바보였다면 돈을 번 다음에는
수십억 달러를 가진 바보가 될 뿐이다. < < <

No. 125

　　　　　돈은 사람의 본질을 더 강화시키는 역할을 할 뿐, 그 이상도 이하도 아니다. 돈을 벌기 전에 친절하고 관대했던 사람이라면 부자가 된 다음에는 이러한 성향이 약간 강화될 뿐이다. 돈을 벌기 전에 인색하고 깐깐했던 사람은 부자가 된 다음에도 깐깐하고 고약하다.

　《크리스마스 캐럴Christmas Carol》에 등장하는 구두쇠 영감 스크루지를 기억하는가. 스크루지는 무시무시한 유령을 만난 다음에야 착한 부자가 될 수 있었다. 그만큼 사람의 본질은 바꾸기 어렵다. 이는 돈에 좌우되는 문제가 아니다. 처음부터 좋은 사람은 그가 부자이든 가난하든 상관없이 계속해서 좋은 사람으로 남는다. 중요한 것은 부자인가 가난뱅이인가가 아니다. 좋은 사람인가 아닌가가 더 중요하다.